Nowicki Maksymilian Sila

Über die Weizenverwüsterin Chlorops Taeniopus Meig, und die Mittel zu ihrer Bekämpfung

Nowicki Maksymilian Sila

Über die Weizenverwüsterin Chlorops Taeniopus Meig, und die Mittel zu ihrer Bekämpfung

ISBN/EAN: 9783743307889

Hergestellt in Europa, USA, Kanada, Australien, Japan

Cover: Foto ©ninafisch / pixelio.de

Manufactured and distributed by brebook publishing software (www.brebook.com)

Nowicki Maksymilian Sila

Über die Weizenverwüsterin Chlorops Taeniopus Meig, und die Mittel zu ihrer Bekämpfung

Wie allgemein den Landwirthen bekannt ist, richtet eine unscheinbare Fliege ganz besonders in Böhmen, Mähren, Schlesien, Galizien, Ungarn, Polen, Südrussland so colossale Verwüstungen an, dass dieselben zu einer wahren Landplage werden.

Ueber diese Fliege, namentlich deren Sommergeneration, wurden bisher schon zahlreiche Mittheilungen gemacht, nur was ihren systematischen Namen anbelangt, wird sie von den verschiedenen Berichterstattern bald als *Chlorops taeniopus* Meigen, bald wieder als *Chl. strigula* Fabr. oder *Chl. lineata* Linné, *taeniata* Macq. u. dgl. bezeichnet, während die im Frühjahr, wenigstens in Oesterreich und Deutschland, gleichartigen Erscheinungen am beschädigten Weizen darauf hinzudeuten scheinen, dass dieselben wahrscheinlich zum grössten Theile von einer und derselben Fliege herrühren.

In diesem Sinne spricht sich auch beiläufig berichtigend der berühmte deutsche Dipterologe Dr. Löw im Jahrbuch der Landwirthschaft III. S. 537 folgendermassen aus: „Die Ansicht, *Chlorops lineata* sei eine zweite Art, welche den Weizen in ganz ähnlicher Weise wie die Sommergeneration von *Chl. taeniopus* angreift, ist nicht stichhaltig; es hat dieser Irrthum seine Quelle lediglich darin, dass *Chl. taeniopus* Meig. von einigen älteren Beobachtern als *Chl. lineata* Linn. bestimmt worden ist. Auch die immer wieder auftauchende Erwähnung der *Chl. strigula* als einer Weizenverwüsterin beruht lediglich auf einer irrthümlichen Artbestimmung, da die wahre *Chl. strigula* Fabr., deren Larve sich durch die ansehnliche Länge der hinteren Stigmenträger gar sehr auszeichnet, ausschliesslich auf die grösseren, einen nassen Standort liebenden Carex-Arten angewiesen ist. Was über das Vorkommen von *Chlorops strigula* auf dem Getreide berichtet wird, scheint zum grössten Theile auf *Chlorops taeniopus* zu beziehen sein."

Nähere Auseinandersetzungen der Namensverwechslungen findet man auch in Dr. Löw's älterem, in der Breslauer Zeitschrift für Entomologie 1866 publicirten Aufsatze: „Ueber die bisher in Schlesien aufgefundenen Arten der Gattung *Chlorops* Macquart." Darin wird *Chlorops strigula* Schiner Fauna II. S. 215 für eine Varietät der *Chl. taeniopus* Meig. Syst. Beschr. VI. 144. 9, die *Chl. lineata* Linné als eine unergründbare Art, und *Chl. taeniata* Macq. für ein Synonym von *Chl. strigula* Fabr. erklärt. Die trefflichen Beschreibungen der Chloropinen erleichtern sehr deren Bestimmung, und wäre es daher zu wünschen, dass Dr. Löw's Aufsatz in Jedermanns Händen wäre, der über Chloropinen am Getreide berichtet.

In wie weit sich ausser *Chlorops taeniopus* auch noch andere Chloropinen an der Getreideverwüstung mitbetheiligen, dazu bedarf es noch fernerer Beobachtungen, um die Acten hierüber spruchreif zu machen. Herr Menault nennt *Chl. vittata* Guér., von welcher Guérin-Méneville im Juli 1856 ein einziges Stück aus einer krüppelhaften Weizen- (-blé) Aehre erzogen hat. Dr. Gallus führt in den preuss. Annalen der Landwirthschaft 1864 Nr. 19 *) *Chl. vindicata* Meig. (von Dr. Löw bestimmt) als eine Begleiterin der *Chl. taeniopus* am Roggen an. Curtis führt in seinen „Farm Insects" 1860 die *Chl. Herpinii* Guér. als Beschädigerin der Gerstenähren an. Professor Dr. Cohn berichtet in seinen geschätzten „Untersuchungen über Insectenschäden auf den schlesischen Getreidefeldern im Sommer 1869" und im landwirthsch. Centralblatt 1869 S. 326, dass er aus im englischen Weizen „vorgefundenen Puppen am 12. Juli nicht die echte Fritfliege, sondern eine etwas grössere, übrigens nahe verwandte Halmfliege aus dem Geschlecht der Grünaugen Chlorops', ausgezeichnet durch metallisch grünschillernde Augen, rothgelben Kopf, schwarzen Rücken, citronengelben Bauch und Beine" erzogen hat. Eine Bestimmung der Art gibt Prof. Dr. Cohn nicht.

In Galizien habe ich von bekannten Chloropinen bisher: *Centor Cereris* Fabr., *myopinus* Löw, *nudipes* Löw; *Anthracophaga frontosa* Meig. (*Scholtzii* Egger); *Diplotoxa messoria* Fall., *inconstans* Löw; *Chlorops puncticollis* Zett., *Meigenii* Löw, *taeniopus* Meig., *speciosa* Meig., *minuta* Löw, *serena* Löw, *hirsuta* Löw, *Chloropisca ornata* Meig., *obscurella* Zett., *glabra* Meig.; ferner *Meromyza viridula* Hal., *saltatrix* L., *lacta* Meig. und *nigriventris* Meig.; *Oscinis pusilla* Meig. (*Frit* aut.), *annulifera* Zett., *gilvipes* Löw, *Crassiseta cornuta* Fall. und mehrere andere gesammelt.

Doch ist die in diesem Lande von der niederen bis zur montanen Region seit 1863 mit jedem Jahre in grösserem Umfange verheerend auftretende, von mir und Anderen vielfach in Menge durch künstliche Aufzucht aus Getreide erhaltene und auch im Freien beobachtete Art das bandfüssige Grünauge, *Chlorops taeniopus* Meig., wie dies auch Dr. Löw constatirte, als er mich 1869 mit einem Besuche zum gemeinschaftlichen Ausfluge in das Tatragebirge erfreute und hiebei die zahlreichen Chloropsexemplare meiner Sammlung durchzusehen die Güte hatte. Sie waren identisch mit jenen, welche ihm als dem Fachmanne verschiedene Beobachter in Deutschland zur Bestimmung eingesendet haben.

Bezüglich einiger anderer von den oben genannten Arten möge hier Nachstehendes bekannt gemacht werden. Gutsbesitzer Konopka auf Mogilany bei Krakau, ein sowohl in agronomischen als entomologischen Dingen wissenschaftlich gebildeter Landwirth, der die Getreideverwüster beobachtet und ihnen die Erhebung eines unverhältnissmässigen Tributes vom Grund und Boden energisch streitig macht, zog aus Weizen im Jahre 1864 *Chlorops taeniopus, Diplotoxa inconstans* und eine *Meromyza*. Letztere nannte er *M. saltatrix*, die zweite *Chl. strigula*. Seither beobachtete er nur *Chl. taeniopus* im Getreide; erst im Jahre

---

*) Wilda und Krocker's landw. Centralblatt 1865 Bd. 2, S. 232.

1870 fand er wieder in der Aehrenhülle des Weizens ein todtes defectes Exemplar, in welchem er die frühere *Mer. saltatrix* erkannt zu haben glaubte. Dieses Exemplar wurde jedoch Dr. Löw zur gefälligen Bestimmung geschickt und von ihm als wahrscheinlich *Mer. laeta* bezeichnet. Im Frühjahr 1870, noch vor dem Erscheinen der Wintergeneration der *Chlorops taeniopus*, fing Gutsbesitzer Konopka auf Roggen- und Weizenfluren[*]) ausser *Diplotoxa inconstans* auch die *Crassiseta (Elachiptera) cornuta*. Dass letztere als Larve auf Gräsern lebt, hat Dr. Scholtz beobachtet, indessen hat sie der erste österreichische Dipterologe Dr. Schiner auch aus Puppen gezogen, welche unter Pappelrinde gesammelt worden waren (Fauna II. S. 233). Ich fing *Diplotoxa inconstans* im Juli und October, *Crassiseta cornuta* im Juni, Juli und August, also anscheinend in der zweiten Generation. Beim Einfangen der Fliegen auf Roggen- und Weizenfeldern vor der Ernte erbeutete Gutsbesitzer Konopka zahlreiche *Chlorops taeniopus*, ausserdem einzelne Exemplare der *Diplotoxa inconstans* und *Meromyza nigriventris*. Die *Chloropisca ornata* Meig. findet er zeitlich im Frühjahr in seinem Garten an Frittilarien, Narzissen, zugleichen zahlreich um beschienene Fichtenzweige schwärmend oder an Hauswänden sich sonnend, über Nacht aber Schutz im Stroh suchend, womit Bäume vom Winter her eingehüllt sind. In Gesellschaft dieser Fliege fing er auch einzelne *Chlorops taeniopus* und *Meromyza nigriventris* Meig., doch ist es ihm nicht bekannt geworden, ob sie alle sich etwa aus dem Rasen seines Gartens entwickeln; sie schwärmten hier zeitlicher, als *Chlorops taeniopus* in Feldern.

Das Auftreten der *Chlorops taeniopus* im Ohio-Staat und in Europa schildert Wilda und Krocker's landw. Centralblatt 1863 S. 30. Die in Galizien zuerst wahrgenommene Verwüstung des Weizens fällt in das Jahr 1863, doch liegen darüber keine Beobachtungen vor, ob sich *Chlorops taeniopus* zu Lande unbemerkt masslos vermehrt, oder auch nebenbei aus den Grenzländern hereingeschmuggelt hat. Sie haust seit jenem Jahre bis nun zu in Galizien fast überall, wo Weizen cultivirt wird, doch soweit erkannt worden ist, in abnehmendem Grade von West nach Ost, und hat es den Anschein, als ob ihre Schwärme in dieser Richtung erst fortrückten. Am meisten leiden von ihr die westlichsten Gegenden Galiziens, und wie hier, grassirt sie in neuester Zeit nach Berichten des Prof. Dr. Cohn und Anderer in arger Weise auch in Schlesien; Dr Löw (l. c.) äussert sich hierüber folgendermassen: „Die grossen Verwüstungen haben den Namen dieser Art, welcher seit 1851, dem Jahre seines letzten massenhaften Auftretens in den Provinzen Schlesien und Posen, fast wieder verschollen war, von neuem zu einem gefürchteten gemacht." Also gehört Chlorops zu jenen getreideschädlichen Insecten, welche periodisch und in nicht langen Zeiträumen wiederkehren, sich auch weiter verbreiten. Von um das Jahr 1847 in Polen erfolgten Devastationen berichtete Professor Waga in Revue zoologique

---

[*]) Am 8. März 1871 sah ich mit Herrn Konopka im Schatten der Roggensaat zahlreiche Lonchoptera lutea und trilineata am Boden herumkriechen.

pure et appliquée 1848—1849; das verwüstende Auftreten der *Chlorops taeniopus* am Weizen in den an das Krakauer Gebiet angrenzenden Theilen Polens habe ich selber 1869 auf einem Ausflug mit den Studierenden nach Ojcow constatirt.

Als vor mehreren Jahren in Galizien die ersten Klagen über enorme Weizenschäden von allen Seiten erhoben worden sind, und ich um Abhilfe angegangen wurde, wendete ich meine besondere Aufmerksamkeit dem sie verursachenden Schädlinge, *Chlorops taeniopus*, zu. Da ich jedoch in meiner Stellung weder hinreichende Musse noch Gelegenheit zu continuirlichen Forschungen hatte, übrigens auch in agronomischen Dingen nicht gehörig versirt war, richtete ich meine Bitte um Mitthätigkeit an den schon oben erwähnten Gutsbesitzer Konopka. Derselbe hat auch den Schädling nach seiner Sommer- und Wintergeneration mit grosser Ausdauer beobachtet, worauf er 1867 die hierüber gesammelten Erfahrungen in seinem Aufsatze „Ueber Chlorops taeniopus", im Wochenblatt der Krakauer k. k. Ackerbaugesellschaft, publicirte. Ich liess es auch an eigenen Beobachtungen in der Krakauer Umgegend nicht fehlen, und um zu erfahren, wie es sich um *Chlorops taeniopus* im ganzen Lande verhalte, wendete ich mich als Vorsitzender der physiographischen Commission der Krakauer k. k. Gelehrten-Gesellschaft an die k. k. Regierungs- und autonomen Behörden, ingleichen an Privatpersonen mit der Bitte um einschlägige Berichte und erhielt auch ihrer eine ziemliche Anzahl.

Auf Grund eigener Erfahrungen und der mir zugekommenen Mittheilungen verfasste ich einen Bericht, betitelt: „Ueber Insectenschäden auf Getreidefeldern" und empfahl darin der Beachtung der Landwirthe jene Mittel, deren praktische Verwerthung, wo nicht zur augenblicklichen Ausrottung, so doch wenigstens zur allmäligen Verminderung des Schädlings führen könnte. Dieser Bericht, welcher zur Bekämpfung des Schädlings mit vereinten Kräften aneifert, auch der fürsorglicheren Pflege der Naturgeschichte in Schulen ein warmes Wort redet, findet sich in den Schriften der genannten physiographischen Commission für das Jahr 1869 abgedruckt.

Im Jahre 1870 setzten die Krakauer k. k. Ackerbaugesellschaft und jene in Lemberg eigene Commissionen zur Beobachtung der Feldschäden und Ermittelung sowie Erprobung der dagegen zweckmässigen Mittel aus. Das hohe k. k. Ministerium für Ackerbau in Wien, welches den landwirthschaftlichen Interessen die geneigteste Fürsorge angedeihen lässt, gewährte der Krakauer Commission zum besagten Zwecke eine Subvention von 1000 Gulden, wovon sie 400 zu Reisen, Versuchen, Anschaffung nöthiger Utensilien und Anlegung einer Sammlung inländischer Schädlinge, dagegen 600 Gulden als Prämie für die beste populäre polnische Schrift über dieselben bestimmt hat. Im Verlaufe des Jahres 1870 sind an sie durch geneigte Vermittlung der k. k. Regierungs- und autonomen Behörden über 100 Berichte aus verschiedenen Gegenden Galiziens über mancherlei Schädlinge, insbesondere *Chlorops taeniopus* eingelaufen. Der summarische Bericht des Vorsitzenden der Commission Konopka, der in den Schriften der erwähnten physiographischen Commission für das Jahr 1870 abgedruckt ist, ist eine übersichtliche Darstellung der in diesem Jahre bekannt gewordenen Feldschäden; neue Gesichtspunkte über die Schutzmittel gegen *Chlorops taeniopus* bringt er nicht.

Vorliegender Aufsatz ist ein Versuch der Zusammenstellung zu einem Ganzen der mir bekannt gewordenen, zerstreuten Mittheilungen über das Leben und Treiben der *Chlorops taeniopus* und die Mittel zu ihrer Bekriegung. Er ist wohl als eine hauptsächlich für praktische Zwecke berechnete Arbeit etwas zu breit ausgefallen, doch ich konnte mich ob der jetzt noch unausweichlichen zahlreichen Citate zur Begründung des Dargelegten nicht kürzer fassen; wenn einmal die Naturgeschichte der *Chlorops taeniopus* und ihre Oekonomie gründlich erforscht sein wird, dann wird sich auch ein Tractat hierüber bündig geben lassen. An das Mitgetheilte habe ich den Massstab meiner in Galizien gemachten Erfahrungen angelegt; man entschuldige also, wenn ich unter dem Eindrucke derselben vielleicht hie und da in Einseitigkeit gerathen bin.

Naturgeschichte und Oekonomie der Chlorops taeniopus.

Chlorops taeniopus findet sich nach Dr. Löw in Mittel- und Nordeuropa und in Sibirien, nach Prof. Dr. Zeller auch in Sizilien; nach einem Berichte auch im Ohio-Staate. Sie erscheint des Jahres, soweit bisher gut bekannt, in einer Doppel-, der Winter- und Sommergeneration*), deren erstere im Frühjahr, die zweite vor der Ernte schwärmt. In beiden wird sie dem Landwirthe mehr oder weniger, doch nur im Larvenzustande, schädlich; als Imago nährt sie sich von Blumensäften.

Die Fliege wählt zu Brutplätzen Cerealien und Wildgräser und legt einzeln ihre Eier auf deren jungen Schossen ab, zu einer Zeit nämlich, in welcher die Aehren noch nicht angesetzt haben oder erst so wenig entwickelt sind, dass sie noch immer tief unten zwischen den zusammengeschachtelten Blatthüllen verborgen liegen. Hauptsächlich befällt sie überall den Winter- und insbesondere den Sommerweizen, weniger Gerste, Spelt, Sommer- und Winterroggen. Durch alles dieses trägt sie den weiter unten näher zu besprechenden Lebensbedingungen der Larve vorsorgliche Rechnung.

Fast alle Berichte über Verwüstungen beziehen sich vorzugsweise auf Weizensaaten. Die meisten stimmen darin überein, dass das Angreifen des Roggens, Spelzes und der Gerste in geringerem Massstabe erfolgt, was auch in Galizien jedes Jahr allgemein beobachtet wird und ich selbst bestätigen kann. Herr Förster Lippert machte, wie diess Herr Künstler in den Verhandl. der zool. bot. Gesell. 1867 S. 936 berichtet, die Mittheilung, dass „1866 in Tirol vorzugsweise die Gerste, nur hie und da der Weizen beschädigt

---

*) Von Dr. Haberlandt und Herrn Künstler nach der Schwärmezeit der Fliegen Frühjahrs- und Herbstgeneration genannt.

wurde". In der schles. landw. Zeitung 1864 theilt v. Rosenberg-Lipinski mit, dass bei ihm im Laufe der Jahre die Banatgerste so häufig und stark beschädigt wurde, dass er den Anbau derselben gänzlich aufgab. Das in Gebirgsgegenden Galiziens cultivirte Staudekorn fand ich 1870 auf der erzherzoglichen Herrschaft Seybusch ebenfalls von *Chlorops taeniopus* theilweise befallen *). Ueber das Angreifen des Hafers um Ungarisch-Altenburg durch *Chlorops strigula* (?!) berichtete Dr. Haberlandt im Centralbl. für die gesammte Landescultur 1865 S. 57; dagegen schreibt Herr Staudacher aus Mährisch-Schönberg in der Wiener landw. Ztg. 1869 S. 339: „Ganz unbesucht liess er (Wurm, Made der *Chlorops taeniopus*), gar kein Halmgetreide, den Hafer ausgenommen"; an einer anderen Stelle: „Dass das Grünauge im Versuchsfelde der hiesigen Ackerbauschule nicht blos am Winterweizen, sondern auch an Spelz, Emmer und Einkorn, an verschiedenen Sommerweizen, an allen Roggen- und Gerstenarten auftrat. Ist dieses Auftreten auch kein massenhaftes, so beweist es doch, dass vor dem Grünauge, den Hafer abgerechnet, keine Halmfrucht sicher ist." In welchem Umfange *Chlorops taeniopus* Wildgräser zu Brutplätzen wähle, dazu bedarf es noch ferneren Beobachtungen. Rittergutsbesitzer von Rosenberg-Lipinski in Schlesien lieferte in der Schles. landw. Zeitung 1864 N. 39 sehr werthvolle Beiträge über diese Fliege, die ihm in den Jahren 1831, 1842 und 1860 vorkam. Er stellte die Behauptung auf, dass sie ausser in allen Cerealien vornehmlich in dem ganzen unzähligen Heere der Gräser sich entwickle, vorzugsweise das Honiggras und die Rispengräser liebe, worüber auch Wilda's Centralblatt 1864 S. 22 und Dr. Nördlinger referiren. Gutsbesitzer Konopka untersuchte Mitte April 1867 eine feuchte Wiese **) auf Chloropslarven und als er an Grashalmen keine Missbildung bemerken konnte, schnitt er auf's Gerathewohl einen Halm nach dem andern auf, wobei es ihm endlich gelang, junge Maden zu finden, die offenbar als solche überwintert waren ***). Ueber das Befallenwerden der Quecke berichten die Herren Giraud,

---

*) Auf einer Rundschau mit Herrn Förster Wachtl, einem sehr eifrigen und versirten Entomologen, constatirten wir ausser *Chlorops taeniopus* auch noch *Cetonia metallica* als Schädiger des Staudekorns. Der Käfer frisst die Körner heraus, indem er an der Aehre kopfabwärts (also umgekehrt wie *Zabrus gibbus*) mit zwischen Blüthenbälge und Spelzen tief eingesenktem Kopfe träge festsitzt.

**) Prof. Dr. Wierzejski beobachtete am 9. Juni auf einer Wiese in galizisch Podolien sehr viele *Chlorops taeniopus*. Ich notire einfach diese Beobachtung, ohne sie weiter deuten zu können, ob nämlich diese Fliegen noch der Wintergeneration angehörten, was mich wegen des damals sehr zeitlichen Frühjahrs unwahrscheinlich däucht, oder aber ob sie im nahen Weizenschlage als Sommergeneration ausschlüpften und auf die Wiese flogen, um hier ihre Brut zu unterbringen, oder endlich sich auf der Wiese selbst entwickelten. Viele sollen über dem an letztere grenzenden Raps geschwärmt haben, auf dessen Blüthen sie wahrscheinlich Nahrung suchten.

***) Auf *Phleum pratense* beobachtete Gutsbesitzer Konopka an der Aehre einen ähnlichen Fressgang wie am Weizen, doch gelang es ihm noch nicht, aus der Larve die Imago zu ziehen. Die Puppe ruht unterhalb der Aehre; die

v. Frauenfeld und Lippert*) (Künstler) in den Verhandl. der zool. bot. Gesellsch. Bd. 13, 17, 19 **).

Auf eine Pflanze legt das Weibchen gewöhnlich je ein Ei auf die Oberfläche der Spreite eines Blattes, näher seiner Ligula als der Spitze, anscheinend desshalb, damit das ausgeschlüpfte Lärvchen keinen zu weiten Weg ins Innere des Schosses zu machen habe. Am Halme oder eigentlich an dem unteren Theile der äusserlichen Blattscheide hat Dr. Haberlandt nach einer brieflichen Mittheilung die Eier ablegen gesehen, was mir und Gutsbesitzer Konopka bisher noch nie vorgekommen ist. Selten findet man sie an der Unterseite der Blattspreite. Zwei oder drei Eier auf einer Pflanze gehören zu den Ausnahmen, und dürften, wenn man Analogien aus dem Insectenreiche in Anbetracht zieht, eher von eben so vielen, in der Wahl der Nährpflanzen für die Brut fehlgegangenen, als von einem Weibchen herrühren. Man findet sie im Frühjahr entweder auf übereinanderstehenden oder aber alternirenden Blättern abgesetzt, im ersteren Falle auch die durch Larven ausgefressenen Furchen an einander auf derselben Seite, dagegen im zweiten an den entgegengesetzten Seiten des obersten Halmgliedes herablaufend. Wie viel Eier ein Weibchen legt, ist nicht bekannt. Gutsbesitzer Konopka l. c. spricht von blos 30, was aber offenbar zu niedrig gegriffen sein dürfte. Wie dem aber auch sei, immerhin bedarf es zum Absetzen des ganzen Wurfes an einzelnen, für die Brut passenden Nährpflanzen, die noch nicht von anderen Weibchen in Besitz genommen worden sind, einer geraumeren Zeit, wesshalb auch seine Lebensdauer keine zu kurze sein kann, wie erfahrungsgemäss jener Weibchen überhaupt, die ihre Eier einzeln oder zu mehreren an Nährpflanzen oder Wohnthieren absetzen, und um davon eine entsprechende Anzahl aufzufinden, oft weite Räume durchfliegen müssen. Die winzigen, wie ein weisses Strichelchen erscheinenden Chlopseierchen sind schwer wahrzunehmen; erst wenn man ihrer einige erschaut und gut angeschaut hat, übt sich das Auge auf ihr Erkennen auch aus einiger Entfernung ein. Regnerisch kalte Tage im Frühjahr oder Herbste verhindern die Weibchen am Absetzen der Eier, deren man in solchem Falle am Getreide weniger bemerkt, wie um Krakau im Jahre 1870.

Die Eigenthümlichkeit der Larve besteht darin, dass sie ausschliesslich im Inneren der Pflanze lebt und wirthschaftet, darin auch sich ver-

---

Eier legt das ♀ einzeln auf Blättern, wie *Chlorops taeniopus*, ab, doch ist es letzterer Schädling gewiss nicht. Auf dem erzherzoglichen Gute Dankowice sah ich auf einem kleinen Phleumschlage ¾ Aehren angefressen, die Fliege war jedoch bereits ausgeflogen und liess sich nicht näher kennen lernen.

*) Herr Förster Lippert sendete die Fliege unter dem Namen *Chlorops taeniopus* ein. Herr Künstler aber bemerkte in den Verhandl. der zool. botan. Ges. 1867. S. 936, dass sie nicht diese Art war, sondern die ihr nahe verwandte *Chlorops strigula* Fabr., wie Dr. Schiner, dem er die eingesendeten Stücke zur Ansicht mittheilte, erklärt hat.

**) Konopka's bezügliche Beobachtungen finden sich am Schlusse dieses Aufsatzes.

puppt, und dahin von oben eindringt. Zu Tage gefördert ist sie unrettbar verloren. Um den Larven- und Puppenzustand glücklich durchmachen zu können, richtet sie je nach der Generation ihre Nährpflanze in entsprechender Weise zu. Im ganz jungen Schosse nämlich zerstört sie die Basis des Herzblättchens und des Endtriebs, und hindert dessen weitere Entwicklung, so dass er eingeht; dagegen bringt sie dem im Frühjahr mehr ausgewachsenen Schosse, den sie nicht mehr abzutödten vermag, Verwundungen bei, welche bekanntlich das oberste Halmglied nicht in die Höhe wachsen und die Aehre nicht zum Ausschiessen gelangen lassen. Hiedurch bewirken die Larven, dass von anscheinend gut aufgegangenen Saaten oft nur ein schütterer Bestand von ährentragenden Halmen erzielt wird, welcher Mühe und Kosten der Bestellung vergeblich macht. Den Hauptschaden verursachen die Maden der Sommergeneration; sie beeinträchtigen den Landwirth öfter um den grössten Theil der Ernte an Winter- und Sommerfrucht.

Nach Beobachtungen Dr. Cohn's lebt die Made nur von weichem saftigen Parenchym; die verholzten Bündel greift sie nicht an [*]. Junge Lärvchen vermögen ältere, stärker verholzte Schosse nicht mehr anzugreifen, vielleicht nicht ihre stark verkieselte Oberhaut durchzubeissen; nur in jungen zarten Schossen finden sie Kost. Die Fliegen treffen auch eine dem entsprechende Auswahl des Getreides und legen ihre Eier auf solche Schosse des Winter- und Sommerweizens und der Gerste, weniger dagegen auf Roggen; alles Frühgetreide, und auch jenes, welches zeitlicher seine Aehren ausschiessen lässt, wie Roggen, Gerste, Spelz, meiden sie meistens, befallen dagegen hauptsächlich den später zur Reife gelangenden Winter- und insbesondere den Sommerweizen. Dass die Fliegen eine Auswahl treffen, dafür sprechen mancherlei Thatsachen, so z. B., dass wenn unter der Roggensaat zerstreute Weizenhalme wachsen gewöhnlich alle befallen werden, Roggen aber nicht; ferner, dass wenn an ein und derselben Pflanze jüngere oder schwächere Schosse neben älteren sich zusammenfinden, in der Regel nur erstere mit dem Ei bedacht werden. Der Ansicht, dass Weibchen auf Schosse verschiedenen Alters Eier absetzen und dass nur Lärvchen auf den jungen sich weiter entwickeln, die übrigen aber aus Mangel an Nahrung zu Grunde gehen, kann man nicht unbedingt beipflichten.

„In allen diesen Fällen", schreibt v. Rosenberg-Lipinski [**], „gewinnt die Made in ihrer Hauptentwicklungszeit für ihre Ernährung die beste und reichlichste Kost neben einer wärmenden Decke. Tritt nun in solchem Augenblicke bei der Pflanze anhaltend eine Stockung der Vegetation ein, dann beschränkt sich das Erscheinen der Made nicht nur, wie gewöhnlich, auf einzelne Halme, sondern ihre Entwicklung und Beschädigung der Pflanze greift bei derjenigen Gattung, welche in dieser Periode die zartesten Halme besitzt, riesig um sich, und die

---

[*] In ähnlicher Weise fressen Zabruslarven nur das grüne Gewebe, die holzigen Gefässbündel (Nerven des Blattes) lassen sie übrig.
[**] Schlesische landw. Zeitung 1864. Nr. 39; Wilda und Krocker's landw. Centralblatt 1865. S. 40.

Lebenskraft der Pflanze vermag nicht die Verwundung zu überwinden". In Wilda und Krocker's landw. Centralblatte 1865 S. 42 heisst es: „Schnelles üppiges Wachsthum und normale Entwicklung des Getreides beeinträchtigt, verzögertes und gestörtes Wachsthum begünstigt die Existenz und Ausbildung der Larven. . . . . Länger weichbleibende und süssere Getreidearten und Gräser werden von den Maden am liebsten heimgesucht. . . . . Eine Stockung der Vegetation des Getreides in vollem Saft bringt demselben in den meisten Fällen den Untergang durch ungeheure Massenentwicklung dieser Verderber".

In der schlesischen Zeitung vom Jahre 1864 berichtet Director Fellinger: „Die Made erscheint immer, und zwar massenhaft, nach vorhergegangenen trockenen, dürren Sommern". Rittergutsbesitzer v. Rosenberg-Lipinski entwickelt daselbst [*], in einem längeren Aufsatze treffende Ansichten über *Chlorops taeniopus*; so z. B. schreibt er: „Bei den Bedingungen, die nach den bisherigen Erfahrungen die massenhafte Vermehrung der Made begünstigen, steht die vorherrschende Witterung des Frühjahrs obenan. Allgemein ist man nun in dieser Beziehung der Ansicht, dass Kälte und anhaltender Regen im Frühjahre dergleichen Ungeziefer tödte oder doch seine Beschädigungen mindere. Diess ist jedoch ein grosser Irrthum! Es ist vielmehr für das Ungeziefer nichts verderblicher, als wenn, unter der Gunst der Witterung, die Vegetation in den Hauptperioden des Pflanzenwachsthums einen möglichst schnellen Verlauf nimmt. Es beruht dies einfach auf den Naturgesetzen normaler reichlicher Ernährung der jungen Brut! . . . . . Je langsamer in Folge der Witterung die Vegetation fortschreitet, desto länger findet die Raupe diejenige zarte Nahrung reichlich vor, welche ihrem Lebensbedürfnisse reichlich zusagt und ihre normale Erstarkung befördert. . . . . . Gewinnt dagegen die Vegetation ohne Unterbrechung einen lebhaften Verlauf, dann überflügelt ihre Entwicklung das Wachsthum, sowie das Nährbedürfniss der jungen Raupe. . . . . . Weder Kälte noch Regen thun allem derartigen Gewürm irgend einen Abbruch; sie finden vollkommen Schutz, während ihnen beim Stocken der Pflanzenvegetation die zarte Nahrung auf lange hin gesichert bleibt und nun ihre Fortpflanzung ins Unendliche geht. . . . . . Dies alles trifft auch bezüglich der Cerealienmade zu, und zwar um so mehr, als die Chloropsfliege leichte, wie reichliche Gelegenheit hat, ihre Eier innerhalb der Blatthülle ?! der Cerealien und der Gräser überhaupt abzulagern. Tritt dann im Mai und Juni in Folge kalter oder abnorm trockener Witterung, oder auch bei anhaltend trockenem Himmel, eine erhebliche Stockung der Vegetation ein, dann begünstigt die anhaltende Zartheit des Pflanzenhalmes, in Verbindung mit dem erwärmenden Schutz durch die Blatthülle, die Ernährung der Made und somit die umfangreichere Beschädigung der befallenen Pflanzen . . . ."

---

[*] In Wilda und Krocker's landw. Centralblatt 1865. S. 39 wiedergegeben.

Gutsbesitzer Konopka schreibt in seinem Aufsatze über *Chlorops taeniopus* 1867: „Nasse Gründe, wie anhaltende nasse Witterung führen dem Getreide reichliches Wasser zu, welches in ihm ungesunde Säfte erzeugt, dadurch aber auch für Chloropslarven eine zusagende Nahrung vorbereitet. Dieser und jeder andere krankhafte Zustand der Getreidepflanzen zieht zuerst Chloropsfliegen an, sie wählen auch in der That mit Vorliebe vorerst solche Schwächlinge und Siechlinge, und haben sie sich einmal stark vermehrt, dann fallen sie auch über gesundes Getreide her. Die Ursache der starken Vermehrung der Chloropsfliege in Galizien lag sichtlich in der mehrjährigen Wiederkehr eines ungünstigen Frühjahrswetters. Der häufige Wechsel zwischen Kälte und Wärme nach Erwachung der Vegetation, die übermässige Feuchtigkeit, dazu die grösstentheils nassen und für das Wasser undurchdringbaren Gründe, wirkten schädlich auf das Getreide, seine Säfte und den Wachsthum ein, andererseits aber bildete dies alles sehr günstige Bedingungen für das Gedeihen des Schädlings", gegen dessen Grassiren sich übrigens auch Landwirthe passiv und lässig verhalten haben, fügen wir hinzu.

Sommergeneration.

Die Sommergeneration sowie die Art der durch sie verursachten Beschädigung des Getreides ist allerorts in Europa vielfach beobachtet worden, auf sie auch beziehen sich die allermeisten der bisher publicirten Berichte[*], dessenungeachtet aber kann man die Acten hierüber nicht für geschlossen erklären.

Die Sommergeneration entsteht aus der Wintergeneration, und es ist daher nothwendig, an dieser Stelle über letztere, als Einleitung zur ersteren, einige Bemerkungen vorauszuschicken. Die Fliegen der Wintergeneration erscheinen in Niederungen Galiziens im Allgemeinen im Verlaufe des Monats Mai[**]; um Ungar.-Altenburg beginnt ihr (*Chlorops strigula?!*) Erscheinen nach Dr. Haberlandt[***] Mitte April, culminirt Mitte Mai und erreicht zu Anfang Juni sein Ende. Bei günstiger Witterung stellen sie sich insbesondere auf Weizensaaten in stets wachsender Menge ein, begatten sich und beginnen, in Galizien im Mai, ihre Eier für die Sommergeneration abzusetzen, welches Geschäft wegen ihres ungleichzeitigen Schwärmens einige Wochen andauert. Nach Curtis findet in England das Eierlegen im Mai oder Juni statt; der Verfasser einer Mittheilung in der Schlesischen landw. Zeitung vom 4. August 1865 beobachtete in Schlesien „bis zum 20. Juni Schwärme von Zweiflüglern in den Weizenfeldern", dessen Dr. Cohn im Jahresbericht der Schlesischen vaterl. Ges. 1865 S. 73 und in seinen Untersuchungen 1869 S. 14 gedenkt. Das frühere oder spätere Erscheinen der Fliege hängt bei normalen Verhältnissen offenbar davon ab, wann die Eier im Herbste

---

[*]) Insbesondere reich an ihnen ist die schlesische landw. Zeitung 1864.
[**]) Ob die von mir im Juli im Gebirge gefangenen Exemplare der Winter- oder Sommergeneration angehörten, bleibt zweifelhaft.
[***]) Centralblatt für die gesammte Landescultur 1865 S. 57.

von der Sommergeneration abgelegt wurden und wie weit die Maden bis zum Eintritt des Frühjahres in ihrer Entwickelung vorgerückt sind. Aus der Ungleichzeitigkeit des Schwärmens und dem Umstande, dass die ausgeschlüpften Fliegen nicht in ihrer Brutstätte verbleiben, sondern herumfliegen, ferner vielleicht auch daraus, dass das Weibchen selbst einige Wochen überdauern kann, erklärt es sich, dass nicht bloss Winter- sondern auch die zu verschiedener Zeit im Verlaufe des Frühjahres bestellten Sommersaaten mit Eiern besetzt werden, dass solche Wintersaaten, welche im Herbste frei von Eiern waren, im Frühjahre solche bemerken lassen. Verspätet sich das Frühjahr oder halten ungünstige Witterungsverhältnisse nach dessen Eintritt an, wie z. B. in Galizien im Jahre 1870, dann erfolgt Schwärmen wie Eierlegen um eben so viele Tage, ja Wochen später, und umgekehrt. Im Gebirge fällt die ganze Entwicklungsperiode um einige Wochen später, als in Niederungen; in Nord-, Mittel- und Südeuropa mag sie auch bestimmte Zeitunterschiede zeigen.

Eier. Wie lange der Eizustand bei normalen Verhältnissen dauert, darüber vermag ich nicht aus eigener Erfahrung zu sprechen. Nach Dr. Taschenberg entwickeln sich die Eier in ungefähr 10 Tagen. Gutsbesitzer Konopka hält dafür, dass sie bei trocken kühler Luft länger liegen bleiben; im Jahre 1870 bemerkte er die ersten Eier am 19. Mai, die erste Made aber, welche bereits bis an die Aehre abwärts gestiegen war, am 1. Juni.

Larve. Ihr Leben und Weben im späteren Alter ist schon hinreichend erkannt worden. Eine wunde Stelle aber in unserer Kenntniss der Lebensgeschichte der Chlorops bildet die Frage, wie die ausgeschlüpfte Made von ihrer Geburtsstätte, dem abstehenden Blatte, ins Innere der Pflanze gelange? Dies glückte meines Wissens bisher noch Niemanden durch directe Beobachtung zu entscheiden. Auch meine und Gutsbesitzers Konopka darauf gerichteten Bemühungen führten bisher zu keinem günstigen Resultate, da einerseits die versuchte künstliche Aufzucht im Zimmer nicht gelingen wollte, andererseits es aber unmöglich war, im Freien tagelang vor dem zu beobachtenden Ei bei Tag und Nacht, Regen und Sonnenschein zu lagern. Möglich übrigens, dass ich bei meinen Beobachtungen darin fehlte, dass ich die Verfärbung des Chloropseies, wie sie erfahrungsgemäss bei Insecteneiern vor dem Ausschlüpfen der Made Statt findet, erwartete und das weissbleibende Ei nur flüchtig aus einiger Entfernung in Augenschein nahm; zu spät gewahrte ich im Felde, dass die leere Eischale ihre weissliche Farbe beibehält.

Indessen fällt es nicht gar so schwer, sich über den besagten dunklen Punkt ein Urtheil zu bilden, wenn man die Erscheinungen am befallenen Getreide, wie sie sich in Galizien, Böhmen, Mähren, Schlesien, Deutschland gestalten, in gehörige Erwägung zieht. So wissen wir zunächst, dass das Ei ganz

---

*) Im April 1871 konnte ich mit Dr. Syrski und Prof. Stossich um Triest keine Beschädigung des Getreides wahrnehmen, desgleichen mit Herrn Erber an der dalmatinischen Küste bis Zara.

frei auf die Spreite eines der noch wenigen (meist 3) vom Schosse abstehenden Blätter *) und zu einer Zeit abgesetzt wird, in welcher die Aehre entweder erst ansetzt oder wenn bereits mehr oder weniger entwickelt, doch noch immer tief unten zwischen den inneren Blatthüllen, die erst beim fortschreitenden Wachsthum sich nach und nach entfalten sollen, verborgen liegt. In diesem Lebensstadium der Pflanze schlüpft die Larve aus, und da sie ausschliesslich im Innern derselben lebt, wird sie wohl auch unverweilt hineinzukommen bestrebt sein. Diesemnach scheint sie von dem Punkte des Blattes, an welchem sie geboren wurde, zu dessen Ligula, wo die inneren noch unentfalteten Blatthüllen hervorstehen, abwärts zu kriechen und hier nach Angabe des Gutsbesitzers Konopka (l. c.) „durch die Spitzenöffnung ins Innere des Schosses einzudringen", vielleicht aber auch dahin sich mit Hilfe ihrer Kieferhaken bei der Ligula hineinzubohren.

Wenn die eigentliche Aehrenhülle am befallenen Halme ausschiesst, so rollt sie sich bekanntlich ein. Diese Abnormität muss offenbar ihre Ursache haben. Zunächst ist es Thatsache, dass die Larve ins Innere des Schosses höher oder tiefer über der noch verborgenen Aehre **) gelange, und um in dieser Hinsicht nur eines Beispiels zu gedenken, möge erwähnt werden, dass ich im Sommerweizen einmal die Made gar 3 Zoll hoch über dem erst kaum 9 Linien haltenden Aehrchen vorfand. Das darauf folgende Benehmen der Larve ist mir nicht bekannt. Gutsbesitzer Konopka vermuthet, dass sie fressend am äusseren Rande der tutenförmig eingewickelten und eingeschachtelten Blatthüllen heruntersteige, und so von einer in die andere bis zur innersten Aehrenhülle selbst gelange, woraus folgen würde, dass sie zuerst keinen geraden, sondern einen geschlängelten Weg nehme. An der Ligula der Aehrenhülle angelangt, muss sie dieselbe auf einer Seite irgendwie beschädigen, was bisher noch nicht näher beobachtet wurde, denn sobald die Aehrenhülle an Licht und Luft hervortritt, beginnt sie sich in Folge ungleichartigen Wachsthums der beschädigten und gesunden Theile über der Aehre einzudrehen, kerkert diese ein und hindert sie am Ausschiessen.

Während die Made an der Aehrenhülle abwärts steigt, wächst die Aehre mittlerweile empor. Beide treffen schliesslich zusammen. Die Made betritt nun die Aehre, benagt deren Blüthentheile der ganzen Länge nach, und die hiedurch bewirkte mehr oder weniger deutliche Spur des Frasses an der Aehre von oben nach unten spricht ebenfalls für ein Eindringen der Made über und

---

*) Rittergutsbesitzer v. Rosenberg-Lipinski behauptet in der schles. landw. Zeitung 1864, dass die Fliegen ihre Eier innerhalb der Blatthülle der Cerealien und Gräser ablegen.

**) Dr. Cohn schreibt in seinen Untersuchungen über Insectenschäden auf S. 14: „in das oberste Halmglied dicht unter der Aehre", anscheinend auf Gewährschaft einer Mittheilung in der schlesischen landw. Zeitung vom 4. August 1865. Auch von anderen Seiten wurde angegeben, dass das Ei unter die Aehre abgesetzt wird, zweifelsohne deshalb, weil man den Fressgang entlang der Aehre übersah und bloss aus der Frassfurche am obersten Halmgliede Schlussfolgerungen gemacht hatte.

nicht unter der Aehre. Bei mehr fortgeschrittener Entwicklung des Getreides und verspäteter Schlüpfzeit der Larven mögen wohl Ausnahmen von dieser Regel stattfinden, doch dürfte alsdann der Kampf ums Dasein sich zu Ungunsten der Made entscheiden, was übrigens auch eintritt, wenn zur Zeit des Eindrehens der Aehrenhülle warme Witterung und Regen das Ausschiessen der Aehren am heimgesuchten Getreide befördern.

Vom Grunde der Aehre übertritt die Larve, immer gedeckt von der Aehrenhülle, auf das oberste Halmglied und nagt längs desselben bis vor den ersten Knoten die bekannte Frassfurche aus, welche sich, um Dr. Cohn's Worte zu gebrauchen, „durch ihre blasse oder braune Farbe und markige Structur von der dunkelgrünen Halmoberfläche unterscheidet; reichliche Saftergiessung*) aus diesem Fressgang tränkt die umhüllende Blattscheide, vertrocknet aber allmälig". Nicht selten findet man, wie schon einmal erwähnt worden ist, zwei Frassfurchen an einem Halme. Unter der Aehre ist die Frassfurche noch seicht und eng, weiter nach unten zu verbreitert und vertieft sie sich desto mehr, je mehr das Wachsthum der Larve fortschreitet und ihr Nahrungsbedürfniss dabei wächst.

Also erfolgt der Larvenfrass in der Richtung von oben nach unten, d. i. der Aehrenhülle und Aehrenspitze bis vor den ersten Halmknoten und dem entsprechend findet man auch die Larve mit dem Kopfe nach abwärts gerichtet, nicht aber nach aufwärts, wie dies an der in Dr. Nördlinger's Werke „Die kleinen Feinde der Landwirthschaft 1869" S. 673 enthaltenen, Curtis entnommenen Abbildung dargestellt ist.

Nach in Galizien gemachten Erfahrungen hat die grosse Mehrzahl der Maden den oben besprochenen weiten Weg Ende Juni bis Mitte Juli, je nachdem die Witterungs- und sonstigen Verhältnisse waren, zurückgelegt und hört in der weiteren Thätigkeit auf. Die meisten sind nun ausgewachsen, retiriren gewöhnlich wieder ein Stück nach aufwärts zu im Fressgange, ziehen sich zusammen und verwandeln sich in ein von ihrer erhärteten Körperhaut gebildetes Tönnchen, welches die eigentliche Puppe einschliesst. Unreife Maden fand ich einzeln noch bis Ende Juli, ob aber aus solchen Spätlingen sich Fliegen nach erfolgter Ernte entwickelten, kann ich nicht angeben. In Böhmen übergehen die Maden nach Dr. Stein **) Ende Juni und zu Anfang Juli in den Puppenzustand. Herr Staudacher fand um Mährisch-Schönberg Maden im Juli vor dem 26. In Ungarisch-Altenburg erfolgt die Puppenreife nach Dr. Haberlandt's Angabe von Mitte Mai bis Ende Juni. Nach Dr. Nördlinger's Mittheilung verpuppen sich „die im Juli zu findenden Maden spätestens Anfangs August." Dr. Cohn berichtet im Jahresbericht der Schles. Ges. für vaterl. Cultur, dass

---

*) Die kleine *Aphis cerealis* scheint sich nach Dr. Cohn mit Vorliebe von diesem süssen Safte zu sättigen.

**) Eine Plage des Landwirths, veröffentlicht im Abendblatt der Prager Zeitung vom 5. Juli und 2. September 1869; wiedergegeben von der Zeitschrift „Lotos" December 1869.

Ende Juli am Breslau Maden verpuppt, am 10. August aber am Abhang der Wilhelmshöhe viele noch lebend waren, weil hier kalte Witterung ihre Entwicklung verzögerte.

Die fusslose Made ist walzenförmig, weiss, mit feinen queren Punktreihen über der vorderen Hälfte der Körpersegmente und mit einer schwarzen Längslinie am Kopfende, welche von den zurückgezogenen, durchscheinenden Kieferhaken herrührt. Am Hinterende hat sie nach Prof. Dr. Stein (l. c.) zwei undeutliche kurze Stigmenträger, wodurch sie sich von der *Chlorops strigula* unterscheidet, welche nach Dr. Löw ansehnlich lange hintere Stigmenträger*) besitzt und irrthümlich als Getreideverderberin aufgeführt wird.

Pathologische Erscheinungen und Schaden als Folgen des Larvenfrasses. In den nördlich gelegenen Provinzen Oesterreichs, wie Galizien, Mähren, Schlesien, Böhmen, ferner, soweit ich aus den mir zugänglich gewesenen Berichten habe entnehmen können, überall in Deutschland, ingleichen nach der englischen Ausdrucksweise „Podagra" zu schliessen auch in England, äussert sich die von den Maden der Sommergeneration verursachte Missbildung durch das Eindrehen der zugleich sich abnorm vergrössernden, saftiger und dicker werdenden Aehrenhülle und das Nichtausschiessen der Aehre aus derselben**), durch Verdickung und Kürzerbleiben des obersten Halmgliedes, welches im Ganzen ein kolbenartiges Aussehen zeigt, fast fleischig und der Quere nach brüchig ist. Kranke Halme, die sich neben gesunden auf einer und derselben Getreidepflanze finden, deren Färbung von der gesunden wenig verschieden ist, bleiben schon bis zur Ernte mehr oder weniger gegen ihre normale Länge zurück, vermögen auch keine gesunde Aehre zu entwickeln, die taub bleibt oder deren Körner schlecht genährt, mehr oder weniger verkümmern, sind viel unbeweglicher und schwerfälliger als gesunde Halme, deren der Scheide entwachsenen Aehren lustig in jedem Lüftchen hin- und herwogen. Diese Erscheinungen fallen im Mai oder Juni während des Schossens des Getreides auf und verrathen das Vorhandensein der Maden.

Dr. Nördlinger's Figur auf Seite 673 schien mir nach in Galizien gemachten Erfahrungen die durch Chloropslarven der Winter- und nicht Sommergeneration bewirkte Missbildung zur Anschauung zu bringen. Meinen Zweifel hierüber theilte ich Dr. Löw mit und er erwiederte mir: „Nördlinger's Figur S. 673 ist meiner Ansicht nach vortrefflich, nur leider eine Darstellung der Deformation der Pflanze, wie sie in England, Schweden, und anderen nördlichen Ländern sehr häufig, ja gewöhnlich sich findet, während sie bei uns nur in Jahren mit sehr abnormer Witterung häufiger aufzutreten pflegt. In einem nördli-

---

*) Herr Künstler erwähnt in seiner Beschreibung der Made der Stigmenträger gar nicht und hat es den Anschein, dass seine Mittheilungen über *Chlorops strigula* in den Verhandlungen der zool. botan. Ges. sich auf *Chlorops taeniopus* beziehen.

**) Deutsche Landleute sagen, dass sie „in den Hosen sitzen geblieben" ist.

cheren Klima gestaltet sich die Erscheinung wesentlich anders, wie es ja auch bei *Cecidomyia destructor* und anderen schädlichen Arten der Fall ist." Dr. Haberlandt reassumirt im Centralblatt 1865 S. 58 Dr. Kühn's, Cohn's und Göbell's Mittheilungen über die Beschädigungen des Getreides durch die Sommergeneration der *Chlorops taeniopus*, schildert darauf seine Beobachtungen über die Wintergeneration der *Chlorops strigula* (?!) und meint, dass um Ungarisch-Altenburg ihre Maden sich auch auf Frühjahrssaaten nur in solchen Halmen entwickeln, welche noch nicht zum Schossen gekommen sind, und dass sie dieses völlig verhindern; in einem Schreiben an mich bemerkt Dr. Haberlandt hinsichtlich der von Dr. Kühn, Cohn und Göbell geschilderten Missbildung: „Mir selbst ist diese Art der Beschädigung, die ich der *Chlorops taeniopus* zuschrieb, nicht vorgekommen." Ob und in wie weit die pathologischen Folgen des Larvenfrasses sich in verschiedenen Ländern wirklich anders gestalten, ob nicht etwa in dieser Hinsicht nur eine Auseinanderhaltung der Sommer- und Wintergeneration derselben Species im Spiele ist, wird die forschende Naturwissenschaft noch zu entscheiden haben.

Lehrreich sind die von Dr. Cohn in der Breslauer Zeitung vom 9. und 12. August 1865, im Jahresberichte der Schlesischen Gesellschaft für vaterländ. Cultur 1865 S. 75 und in seinen Untersuchungen über Insectenschäden 1869 S. 21 gemachten, anatomisch begründeten Mittheilungen über die krankhaften Erscheinungen an den von der Made angegriffenen Halmen. In den „Untersuchungen" schreibt Dr. Cohn hierüber Folgendes: „In meiner Abhandlung über *Chlorops taeniopus*, welche in dem Jahresbericht der schlesischen Gesellschaft für 1865 erschien, habe ich zu zeigen versucht, dass die von den Maden dieser Fliege veranlassten Beschädigungen der Weizen- und Gerstenhalme als eine Gallenbildung aufzufassen sind. Während ein Theil des Parenchyms in dem von der Made gebildeten Fressgange direct zerstört, und die dazwischen befindlichen Gefässbündel in einzelne Stücke aufgelöst werden, erleiden die übrigen Parenchymzellen des obersten Halmgliedes eine Ernährungsstörung, in Folge deren sie — statt sich normal in die Länge zu dehnen, dadurch das ganze Internodium zu strecken und die Aehre über die Blattscheide zu heben — sich vielmehr transversal (senkrecht auf den Fressgang) ausdehnen, oft zu abnormen Dimensionen anschwellen und eine ungewöhnliche Ausbildung des betreffenden Halmgliedes in der Richtung der Dicke und theilweise Verkümmerung veranlassen. Ebenso erleidet auch die oberste Blattscheide eine abnorme Vergrösserung. Es findet hierbei offenbar ein analoger Vorgang statt, wie bei der Gallenbildung durch Gallmücken und Gallwespen, durch Milben, Nematoden, Räderthiere und Infusorien, sowie durch entophytische Pilze der verschiedensten Art in mehr oder minder auffallender Weise veranlasst wird. Dass in allen diesen Fällen neben der directen Zerstörung einzelner Zellen eine ungewöhnliche Ernährung der übrigen Gewebe durch Zuströmen einer abnormen Menge von Bildungssaft stattfindet, lässt sich entwicklungsgeschichtlich leicht nachweisen. Das Verkümmern der Aehren und Körner durch *Chlorops taeniopus* habe ich damals eben dem Umstande zugeschrieben, dass in Folge eines von der Fliegenlarve ausgeübten Reizes das zur Ernährung des Fruchtknotens bestimmte Zellbildungsmaterial für die Galle verwendet wird; indess könnte dabei auch wohl einerseits das neuerdings beobachtete, massenhafte Ausschwitzen von Saft aus der Wunde des Fresskanals, andererseits und insbesondere die durch das lange Zurückbleiben der Aehre innerhalb der Blattscheide gehemmte Befruchtung und Entwicklung der Blüthen in Betracht zu ziehen sein." Es wäre sehr zu wünschen, wenn eine wissenschaftliche Autorität in der Pflanzenphysiologie noch die Ursache des Eindrehens der Aehrenhülle erforschen und aufklären möchte.

Durch Versetzung des Halmes in den geschilderten abnormen Zustand sichert sich die Larve die zu ihrer Existenz und weiteren Verwandlung nöthigen Bedingungen. Atmosphärische Einflüsse nicht vertragend, findet sie dagegen Schutz innerhalb der eingedrehten Aehrenhülle; die Saftergiessung im Fresskanal bietet ihr reichliche Nahrung und das retardirte Wachsthum der Pflanze lässt ihr Zeit reif zu werden und den Puppenzustand zu überdauern. Werden diese Bedingungen auf natürlichem Wege dadurch vernichtet, dass getroffene rationale Culturmassregeln im Bunde mit günstigen Witterungsverhältnissen den Pflanzenwuchs rechtzeitig kräftig fördern und es hiebei dem obersten Halmgliede gelingt seinen Kerker gewaltsam zu sprengen und sich zu Tage zu quälen, so muss die auf diese Art entblösste Made unrettbar zu Grunde gehen und es stellt sich auch der anfänglich vom Landwirthe befürchtete Schaden geringer heraus. Ein solcher Fall ist mir 1870 in der Krakauer Gegend vorgekommen. Die obersten Halmglieder fast aller befallenen Weizenpflanzen auf mehreren Gewenden gelangten zum Ausschiessen, ihre verkürzt gewesenen Internodien wuchsen normal nach und vernarbten theilweise, so dass die Frassfurche an ihnen mitunter kaum zu erkennen war; die Aehren trugen gut entwickelte Körner, mit Ausnahme der Seite, an der die Larve fressend abwärts gestiegen war. Im Jahre 1869 erhielt ich aus mehreren Gegenden Ostgaliziens befallenen Kolbenweizen zugeschickt, dessen ausgeschosste Aehren reichlich fructificirt hatten.

Der Schaden für den Landwirth besteht in vermindertem Körner- und Strohertrage. Die aus ihrer Hülle gar nicht ausgeschosste Aehre bleibt wegen gehemmter Entwicklung der Blüthen und ihrer Befruchtung ganz taub oder producirt nur wenige zusammengeschrumpfte Körner. Tritt sie dagegen mehr oder weniger aus derselben mit einer Seite hervor, so bringt sie auch an der frei herausstehenden Seite die meisten ihrer Blüthen zur Reife, nur fallen die Körner ebenfalls unvollkommener als die normal entwickelten aus. Je nach der Menge der befallenen Halme entsteht dadurch natürlich ein mehr oder weniger beträchtlicher Ausfall an dem gesammten Körnerertrage eines Grundstückes. Das mangelhafte Schossen der Halme bewirkt eine gleichzeitige Einbusse an Stroh. Ausserdem soll befallener Weizen nach Angabe des Gutsbesitzers Konopka schwerer trocknen und schlecht zu dreschen sein.

Die Larven der Sommergeneration verursachen, wie schon erwähnt worden, den Hauptschaden. Ob sie manches Getreide, und zwar die Sommerung, nicht blos in der vorhin geschilderten Weise beschädigen, sondern auch ganz junge Schosse völlig vernichten, darauf werde ich in dem Absatze über die Maden der Wintergeneration zurückkommen.

Puppe. Diese ist deutlich abgeplattet, anfangs weisslich, später aber färbt sie sich heller oder dunkler bräunlichgelb. Sie ruht gewöhnlich im Fressgange über dessen Ende, oder wenn man will unter der Mitte, doch soll Gutsbesitzer Konopka auch solche Exemplare, die bis unter die Aehre oder auf diese selbst vorgeschoben waren, gefunden haben. Gewöhnlich liegt die Puppe frei, manchmal aber, wie die Larven, überdeckt von der unversehrt gebliebenen Halmepidermis oder vom „zarten Häutchen", wie Dr. Kühn schreibt. Waren am Halme zwei besondere Frassfurchen, so findet man in jeder derselben eine Puppe; in gemeinschaftlich ausgefressenen und daher breiten Furchen liegt manchmal eine Puppe über der anderen, wie dies auch Dr. Kühn und Andere gesehen zu haben berichten. Die Entwicklung der Puppe hängt ebenfalls von dem Geschütztbleiben durch die eingedrehte Aehrenhülle ab; entblösst geht sie, wie die Larve, zu Grunde. Der Puppenzustand dauert etwa 16 bis 20 Tage.

Fliege. Ein hübsches gelbes Thierchen, dessen Fühler, das mit einer Mittelrinne versehene Ocellendreieck, die 5 ungleichbreiten Thoraxstriemen, alle Hüftflecke und die beiden letzten Glieder aller Tarsen schwarz sind. An den Vordertarsen das Basalglied ebenfalls schwarz, das zweite und dritte Glied aber ganz oder doch wenigstens an der Basis oder auf der Unterseite hell gefärbt. Die Oberseite des Hinterleibes einfarbig gelb mit schwärzlichen Punkten und Binden bis einfarbig ziemlich dunkel gelbbraun mit Ausnahme des stets gelben Seitenrandes. Wie die Färbung, wechselt auch die Grösse nicht sowohl nach dem Geschlechte, als auch nach Individuen, je nachdem die Larven besser oder schlechter genährt waren.

Die munteren Fliegen entwickeln sich vor der Ernte. In Galizien beobachtete ich sie vom 25. Juli bis 20. August, Gutsbesitzer Konopka bei zeitlicher Ernte schon Mitte Juli. Professor Dr. Stein berichtet in der Prager Zeitung, dass in Böhmen die Fliegen in den letzten Tagen des Juli und zu Anfang August ausschlüpfen; ausserdem theilte er mir brieflich mit, dass er sie 1853 in Tharand in Sachsen noch am 20. August aus der Sommergerste gezogen und bis spät in den October hinein häufig auf *Heracleum sphondylium* gefangen hat. Dr. Kühn zog sie am 7. August aus Weizen[*]; in Schlesien sah sie Dr. Cohn 1864 am 8. August auskriechen[**], und 1869 zog er die erste Fliege am 16. Juli[***]. Nach Dr. Haberlandt sollen sie um Ungarisch-Altenburg von Mitte August bis Ende September, Nachzügler noch bis Mitte October schwärmen. Da diese späte Flugzeit in einem südlichen Lande mir nicht eingehen wollte, ersuchte ich Dr. Haberlandt

---

[*]) Schlesische landw. Zeitung 1864 Nr. 33.
[**]) Jahresbericht der Schlesischen Gesellschaft für vaterländische Cultur 1865 S. 74.
[***]) Untersuchungen über Insectenschäden 1869 S. 14.

um gefällige Aufklärung und erhielt sie in folgenden Worten: „Bekanntlich erscheinen die Fliegen der *Chlorops strigula* ?¹) zweimal im Jahre. Im Frühjahr legen sie die Eier an die Sommersaaten; die Larven dieser ersten Generation entwickeln sich zu vollständigen Puppen schon vor dem Eintritte der Ernte und die Fliegen erscheinen zur Begründung der zweiten Generation erst geraume Zeit nach der Ernte, in Ungarisch-Altenburg, wo die Ernte in den Juli fiel, erst im August und September." Aus dieser Mittheilung könnte man nur den Schluss ziehen, dass die Puppen mit dem Weizen eingeerntet werden*), die Fliegen erst in den Scheunen oder sonstigen Orten, wo das Getreide deponirt wurde, zum Ausschlüpfen gelangen und von da auf die Felder sich begeben. Dies kann aber anderen Erfahrungen gegenüber im Grossen kaum der Fall sein und möchte ich eher annehmen, dass Dr. Haberlandt die vor der Ernte ausgefallenen Fliegen übersehen und die von ihm im August und September beobachteten Fliegen einer neuen Generation angehört haben mochten.

Um einen Begriff zu geben, in welcher Menge Chloropse erscheinen können, theile ich die Wahrnehmung aus Galizien mit, dass auf einem Weizenschlage per Quadratfuss auf 90 Halme durchschnittlich 30 befallen waren, daher auf einem Morgen 1.728.000, oder wenn man die verunglückten und durch Ichneumoniden vernichteten Puppen abrechnet, doch noch bei 1,500.000 Fliegen sich entwickelt haben mochten. Wie viele mögen ihrer auf einem anderen Gewende gewesen sein, wo auf 100 Aehren kaum 30 verschont geblieben waren! Im Jahre 1869 waren in Westgalizien allein 132,322 Morgen mit Weizen bestellt und grösstentheils arg zugerichtet worden, wozu viele Hunderttausende Millionen Individuen nothwendig waren.

Trotzdem wimmelt es, soweit meine bisherigen Erfahrungen reichen, keineswegs von Chloropsfliegen in heimgesuchten Weizenfeldern; ja es können ihrer daselbst bei vorgerückter Schwärmezeit verhältnissmässig nur wenige eingefangen werden. Wie erklärt sich diese Thatsache? Einfach dadurch, dass die ausgeschlüpften Fliegen alsbald ihre Brutstätte, wo sie ja nichts mehr zu suchen haben, verlassen, sich in der Umgegend zerstreuen und hier auf blühenden Pflanzen, vorzüglich Umbellaten, namentlich aber auf *Heracleum sphondylium*, wie dies Gutsbesitzer Konopka und Prof. Dr. Stein mittheilen, Nahrung suchen; viele dürften sich auf Wiesen und Grasplätzen sammeln, was indessen noch zu bestätigen wäre, ingleichen ob es gerade und nur *Chlorops taeniopus* ist.

An dieser Stelle mögen einige Beobachtungen über grosse Ansammlungen der Chloropsfliegen notirt werden. Am 12. September 1869 war ich in Breslau und begab mich aufs Belvedere zur Umschau der Stadtgegend. Beim Eintritt ins oberste Zimmer des daselbst befindlichen Hauses fand ich den Plafond,

---

*) Bei Raupen der *Hadena basilinea* ist dies der Fall; nach zwei Berichten aus West- und Ostgalizien war mit ihnen der ganze Weg vom Weizenfelde bis zur Scheune bestreut; in der letzteren krochen zahllose Individuen umher, oder fielen beim Drusch aus den Garben heraus. Die Drescher meinten, der Weizen habe Würmer als Frucht getragen.

den oberen Theil der Wände und die Fenster mit ihnen dicht bedeckt. Von wannen sie und ob einzeln oder schaarenweise hineingeflogen sind, darüber vermochte mir der daselbst ciceronirende Invalide keinen Bescheid zu geben und auch ich konnte keine weiteren Nachforschungen üben, da ich Breslau noch an demselben Tage verlassen musste; leider traf ich damals Prof. Dr. Cohn nicht zu Hause, welcher dieser interessanten Erscheinung hätte auf den Grund kommen und so wichtige Aufschlüsse über die dunkle Frage der willkürlichen oder unwillkürlichen Migration der Chloropsfliegen geben können. — Im Jahre 1870 berichtete der Pfarrer Herr Otowski in der Krakauer Zeitung „Czas", dass im November 1869 in Greboszów in Westgalizien zahllose Schwärme von Chloropsfliegen sich auf dem Thurmdache der Dorfkirche eingefunden hätten. Der Organist, welcher damals das zinkene Thurmdach anstrich und dabei auf dasselbe öfter klopfte, bemerkte eine grosse Menge kleiner Fliegen unter dem Blech hervorkommen welche theils über dem Thurme, wo ein starker Windzug ging, in der Sonne schwärmten, theils massenhaft auf das Dach fielen und am Farbenanstrich kleben blieben. Er benachrichtigte hievon den Pfarrer und dieser liess ihn einige Fliegen herunterbringen. Der Organist schwang den Spatel zum Farbenmischen einige Male durch die Luft und als derselbe dicht mit Fliegen besetzt war, überreichte er ihn dem Pfarrer zur Einsicht. Der Pfarrer, welcher früher *Chlorops taeniopus* zu eigener Belehrung aus Weizen öfter erzogen hatte und sie von anderem Gethier unterscheiden lernte, will eben diesen Schädling in den auf dem Thurmdache eingefangenen Fliegen erkannt haben. Ich ersuchte ihn brieflich um Sendung einiger Exemplare zur Constatirung der Art, erhielt aber zur Antwort, er hätte keines aufbewahrt. Also kann ich nicht bestätigen, ob in der That *Chlorops taeniopus* im gegenwärtigen Falle Gegenstand der Beobachtung war. — Die Berliner entomol. Zeitschrift für das Jahr 1857 berichtet, dass einmal in Zwittau Massen von *Chlorops nasuta* vom Sturme durch den abgerissenen Theil des Daches eines Hauses auf dessen Boden geschleudert wurden. — Liegt solcher Vergesellschaftung etwa der erwachte Wandertrieb zur Weiterverbreitung zu Grunde? Werden die Fliegen auf ihren Zügen nur zufällig in Massen durch Winde verschlagen?

Welches Bewandtniss es um das fernere Dasein und Treiben der vor der Ernte ausgefallenen *Chlorops taeniopus* hat, dies werden weitere Beobachtungen zu entscheiden haben, namentlich ob nicht etwa in der Zeit zwischen der Ernte und dem Anbau der Herbstsaaten sich in Gräsern an Rainen, Wegen, Wiesen, Gärten u. dgl. eine dritte Generation*) entwickelt, die erst auf Herbstsaaten ihre Brut absetzt. Dafür scheint die oben angezogene Angabe Dr. Haberlandt's, dass die Fliegen in Ungarisch-Altenburg im August und September schwärmen sehr zu sprechen. Herr Förster Lippert in Tirol fand Ende August und Anfangs September 1866 Chloropslarven in *Lolium perenne*, aus welchen nach kurzer Zeit Fliegen entstanden; an diese Beobachtung knüpfte Herr Künstler in den Verhandlungen der zoolog. bot. Gesellschaft 1867 S. 938 die Bemerkung, „Dass

---

*) Vergl. den Schluss dieses Aufsatzes.

in günstigen Jahren vielleicht sich auch noch eine dritte Generation entwickle". Dr. Gallus berichtet in den preuss. Annalen der Landwirthschaft 1864, dass er am 28 November, an einem von Samenausfall erwachsenen Gerstenhalme eine Chloropspuppe und Larve gefunden hat. Gutsbesitzer Konopka (l. c.) hat ebenfalls in solcher Gerste am 4. December 1865 eine Puppe, aus welcher sich im warmen Zimmer nach einigen Tagen *Chlorops taeniopus* entwickelte, ausserdem einzelne Puppen in sehr zeitlichen Herbstsaaten gefunden. Er glaubt ferner auf die Möglichkeit einer dritten Generation in günstigen Jahren daraus schliessen zu können, dass er Chloropseier im Jahre 1866 auf seinem am 4. September gesäeten und bald aufgegangenen Weizen erst am 12. October und im Jahre 1870 gar erst im November auf Weizen und Roggen zu entdecken vermochte, die Fliegen also, welche sie abgelegt haben, kaum dieselben sein konnten, welche vor der Ernte massenhaft aus Weizen sich entwickelten; die Annahme der Lebensdauer der Fliege von 6—12 Wochen scheint ihm, wie Herrn Starke (s. Dr. Taschenberg S. 278) zu hoch gegriffen. Ob die gefundenen Puppen, von denen die Rede war, nur Herbstpuppen der Wintergeneration waren oder aber der muthmasslichen dritten Generation angehörten, lässt sich nicht mit Sicherheit entscheiden. Möglich, dass beide Fälle stattgefunden haben, da die Beschädigung der betroffenen Halme verschieden geschildert wird.

Doch ich will mich nicht länger in Vermuthungen ergehen und betrete wieder den Weg der Thatsachen. Eine solche ist zunächst dies, dass wenn die im Herbst bestellten Wintersaaten etwas herangewachsen sind, *Chlorops taeniopus* sich in manchen Jahren auf Weizen- und Roggenfluren einfindet und ihre Eier einzeln auf Blätter absetzt, ganz wie es auch Fliegen im Frühjahr thun. Aus diesen Eiern entsteht die nun zu schildernde

Wintergeneration.

Im Jahrbuch der Landwirthschaft III. S. 536 las ich die Mittheilung Dr. Löw's, dass die Wintergeneration schon seit Jahrzehnten constatirt und beschrieben worden ist. Da mir die ältere Literatur, aus der ich mich hierüber hätte belehren können, nicht zugänglich war, ersuchte ich Dr. Löw um bezügliche Aufklärung und erhielt sie in den Worten:

„Die ersten guten Nachrichten über die Wintergeneration von *Chlorops taeniopus*, veranlasst durch die 1812 angerichteten Verwüstungen, sind von Olivier und stehen in den Memoires de la Société d'agriculture de Fr. T. XVI. Die nächsten sind wohl die von Dagonet und Philippes in den Mem. de la Soc. d'agriculture, sciences et arts du département de la Marne 1840 und 1841. Den Zusammenhang zwischen der Winter- und Sommergeneration hat zuerst Perris richtig nachgewiesen, theils bereits 1840 in Berichten an die Soc. royale et centrale d'agriculture und eingehender in seiner 1843 erschienenen ausführlichen Abhandlung. Er nennt die Art *Chlorops lineata*; es ist völlig unzweifelhaft, dass sie die von uns *Chlorops taeniopus* genannte Art ist."

Westwood beschreibt in „Gardeners Chronicle" 1848 Nr. 49 S. 796 die Lebensweise und Metamorphose der *Chlorops lineata*, welche nach Dr. Schiner (Fauna 2. S. 215) sehr gemein sein, deren Larve in Weizenhalmen leben und oft grosse Verwüstungen anrichten soll. Was Dr. Taschenberg über ihre Wintergeneration, ich weiss nicht ob nach Perris oder Westwood, in seiner „Naturgeschichte der wirbellosen Thiere" 1865 S. 166 schreibt, passt ganz gut auf die Wintergeneration der *Chlorops taeniopus*, namentlich auf ihre Entwicklung und die Art der Beschädigung des Getreides, wie ich sie in Galizien kennen gelernt habe und weiter unten schildern werde. Dr. Nördlinger schreibt auf Seite 672: „*Chlorops taeniopus* Meig., nach Guérin-Méneville blos Varietät von *Musca lineata* Fabr., jedoch sonst als Species anerkannt." Ohne Exemplare der Fliegen lässt sich hier nicht ins Reine kommen.

In Wilda und Krocker's landwirthsch. Centralblatt 1865 Bd. 2 S. 232 und 233 wird referirt: „In den preuss. Annalen der Landw. 1864 Nr. 19 und 23 macht Dr. med. Gallus in Sommerfeld Mittheilungen über die Wintergeneration der *Chlorops taeniopus*. Verfasser hat durch Beobachtung seine Ansicht bestätigt gefunden, dass die Larven der Wintergeneration nicht in der jungen Saat leben. Er fand nämlich am 28. November 1864 auf einem Gerstenstoppelfelde, auf welchem Gerstenkörner bei der Ernte ausgefallen und zu Pflanzen ausgewachsen waren, an einem durch den Frost wenig beschädigten grünen Gerstenhalme unter der fast vollständig entwickelten Aehre am Stengel eine ganz ähnliche Rinne mit einer Tönnchenpuppe, wie im Sommer vor der Ernte. Die Rinne an dem obersten Stücke dieses Halmes glich den im Sommer gefundenen vollständig. Dasselbe war rücksichtlich der Puppe der Fall; auch befand sich eine Larve in der Hülse und angestellte Versuche liessen ausser Zweifel, dass sie am Tage des Fundes lebensfähig gewesen. Der Zweck dieser Zeilen soll nur der sein, sagt Verfasser, denjenigen, welche sich für die Sache interessiren, den Weg zu zeigen, auf welchem nach der Ansicht des Einsenders die zweite Generation dieser kleinen schädlichen Fliege über kurz oder lang bis zur vollständigen Entwicklung gefunden werden wird. — Hinsichtlich dieser auf eine einzige Beobachtung gegründeten Mittheilungen muss bemerkt werden, dass nach unseren jetzigen weitergehenden Erfahrungen die Larven der Wintergeneration factisch auch in Schossen junger Saaten leben und dieselben im frühen Alter abtödten, eine Frassfurche also am obersten Halmgliede, das gar nicht zur Entwicklung kommt, unmöglich aushöhlen können. Die beobachtete Larve und Puppe mag daher nicht der Winter-, sondern der oben erörterten, muthmasslich im Herbste sich entwickelnden Zwischengeneration angehört haben.

Dr. Kühn, der *Chlorops taeniopus* am 5. und 7. August aus ihm zugesandten Weizen erzogen hat, schreibt in der Schlesischen landw. Zeitung 1864 Nr. 33: „Die weitere Entwicklungsweise dieser Fliege ist zwar noch nicht bekannt, doch steht zu erwarten, dass sie, wie ihre Gattungsverwandten, eine Sommer- und eine Winterentwicklungszeit durchmache, dass daher die jetzt (August) ausfallenden Fliegen ihre Eier an zeitige Herbstsaaten legen werden." Dieser richtigen Vermuthung Dr. Kühn's wurde von anderer Seite in den Preuss. Annalen der Landwirth. Wochenbl. 1864 Nr. 41 widersprochen und zwar aus dem Grunde, „weil die zweite Generation der Fliege dann doch eine von der ersteren ganz verschiedene Lebensweise führen müsste — was eben noch keineswegs entschieden ist."

Dr. Taschenberg schreibt in seiner Naturg. d. wirb. Th. 1865 bei *Chlorops strigula* Fabr.: „Kollar fand die Larve im April (1851) unmittelbar über dem Wurzelhalse von Roggenpflanzen, deren Halm dicker, deren Blätter etwas breiter waren und wodurch sie ein robusteres Ansehen erhalten hatten." Herr Künstler berichtet in den Verhandlungen der zool. bot. Gesellschaft 1867 S. 938 ebenfalls bei *Chlorops strigula* Fabr.: „Ich habe unter den nachgelassenen, im kaiserl. Museum befindlichen Schriften Director Kollar's einen mit mehreren Zeichnungen versehenen Aufsatz *) über Chloropinen gefunden. Aus diesem Aufsatze ist ersichtlich, dass Director Kollar die Entwicklungsgeschichte der Herbstgeneration (wenn er sie auch nicht als solche bezeichnete), dieser Chlorops kannte. Nach seiner Angabe fand er am 13. April 1851 beschädigte Roggenpflanzen am Laerberge, die Made verpuppte sich am 19. April und er erhielt am 8. Mai die Fliege, welche er ausdrücklich *Chlorops strigula* Fabr. = Meig. bezeichnete." Hält man die Angaben der Herren Taschenberg und Künstler über die im April gefundene Larve zusammen, so kann man nicht umhin anzunehmen, dass sie sich auf dieselbe, von Dr. Kollar über die Wintergeneration 1851 gemachte Beobachtung beziehen dürften. Herr Künstler gedenkt einfach der beschädigten Roggenpflanzen, Dr. Taschenberg schildert ihre Missbildung näher, und knüpft daran, ohne der im Mai erfolgten Entwicklung der Fliege Erwähnung zu thun, folgende, ich weiss nicht welcher Quelle entnommene Beschreibung: „Mit der weiteren Entwicklung des Halmes gelangen die Larven etwas höher hinauf, zwischen das erste Internodium. Hier erfolgt die Verpuppung und Ende Juni, Anfangs Juli kriechen die Fliegen aus." Bringe ich den Anfang und Schluss der Angaben Dr. Taschenberg's **) in Verbindung, so kann ich mich des Gedankens nicht erwehren, dass in denselben eine Vereinigung der auf Larven der Winter- und Sommergeneration Bezug habenden Thatsachen, dass nämlich erstere sich über dem Wurzelhalse des jungen Schosses, letztere am ersten Internodium des aufgeschossten finden, zu einem Gesammtbilde stattgefunden haben dürfte. Auch mag die besprochene Fliege, wenigstens nach dem Eingangs angezogenen, berichtigenden Ausspruche Dr. Löw's keine *Chlorops strigula* Fabr. gewesen sein.

---

*) Es wäre sehr zu wünschen, damit der vorgefundene Aufsatz eines so gediegenen Forschers, wie der verewigte Dr. Kollar, vollinhaltlich abgedruckt würde.
**) Von Dr. Nördlinger auf die Gewährschaft Dr. Taschenberg's wiedergegeben S. 674 u. 675.

Dr. Haberlandt macht im Centralblatte für die gesammte Landescultur 1865 S. 57 über die Wintergeneration der *Chlorops strigula* (??) und die Art der durch sie verursachten Beschädigung, nachstehende zu allgemein gehaltene Mittheilungen *): „Die Herbstgeneration schwärmt von Mitte August bis Ende September, selbst noch bis Mitte Oktober setzen Nachzügler ihre Eier auf die Saaten ab. Die meisten an der Oberfläche grubig punktirten Eierchen werden einzeln an Blättern und Halmen abgesetzt. Die kleinen Maden schlüpfen schon nach 2—3 Tagen aus, kriechen abwärts bis zur nächsten Blattscheide und bohren sich hier ins Innere des zarten, kurzen Halmes hinein. In ihrer Fressbahn, die in einer allmälig enger werdenden Spirale verläuft und die, wenn die Blattscheiden abgezogen werden, von aussen durch eine gelbbraune Linie markirt ist, gelangen sie bis an den unteren Halmknoten, wo ihre Verpuppung erfolgt. In einem Triebe findet sich immer nur eine Made; indem letztere die Terminalknospe des Triebes zerstört, verhindert sie dessen weitere Entwicklung; er trocknet ab und macht sich die Beschädigung zunächst durch das Gelbwerden der obersten oder innersten Blätter bemerkbar. Vom Zeitpunkte des Ausschlüpfens der Made bis zu ihrer Verpuppung verstreichen 8—10 Wochen, und da das Eierlegen auf die Saaten je nach der Zeit des Anbaues früher oder später beginnt, überwintert das Insect entweder als Scheinpuppe oder als mehr oder weniger ausgewachsene Made. Dadurch wird auch das rechtzeitige Erscheinen der Frühjahrsgeneration bedingt, das Mitte April beginnt, Mitte Mai culminirt, um zu Anfang Juni sein Ende zu erreichen." Der in Rede stehende Schädling kann nach dem Eingangs angezogenen competenten Ausspruche Dr. Löw's nicht *Chlorops strigula* Fabr., sondern dürfte eher *Chl. taeniopus* gewesen sein, obwohl Dr. Haberlandt's Mittheilung, eigentlich nur eine spärliche Andeutung, wenig auf diese Art passt, wie ich es im Weiteren darlegen werde.

Eingehender und keine Zweifel zulassend ist die Schilderung Gutsbesitzers Konopka der Wintergeneration von *Chlorops taeniopus* im Wochenblatt der Krakauer k. k. Ackerbaugesellschaft 1867: „Um mich zu belehren, wo und in welchem Zustande *Chlorops taeniopus* überwintere, verfertigte ich 1865 einen Zwinger und versetzte in denselben zahlreiche befallene Weizenhalme, aus denen bald Chloropse ausschlüpften. Dieselben flogen munter umher, vergesellschafteten sich öfter schaarenweise, begatteten sich, ohne aber irgendwo ihre Eier abzusetzen. Ich fing deshalb einige copulirte Pärchen und schloss sie in ein Glasgefäss ein, in welches ich etwas Gras hineinthat. Die befruchteten Weibchen legten wohl einige Eier auf das abgetrocknete Gras und die Glaswände, doch entwickelte sich nichts aus denselben bis zum nächsten Frühjahr und so erfuhr ich auch nicht, was ich zu erfahren anstrebte, weshalb ich den Entschluss fasste, meine

---

*) Von Herrn **Künstler** in den Verhandlungen der zool. bot. Gesellschaft 1867 wiedergegeben.

meine Nachforschungen im Freien fortzusetzen. Im Frühjahr 1866 untersuchte ich jene Orte, wo Chloropse im Herbste zahlreich vorhanden waren, und fand eine aus Gras eben ausschlüpfende Chloropsfliege, ohne aber deren winterliche Brutstätte und Pupparium entdeckt haben zu können. Ich nahm darauf ein Stück Rasen mit nach Hause, spülte es mit Wasser aus und suchte nach dem Schädling, konnte aber nichts finden. Tags darauf aber sah ich aus diesem hinters Fenster gelegten Grase eine Chloropsfliege ausschlüpfen und gelangte derart wenigstens zu der Ueberzeugung, dass die Fliege im Frühjahr schwärme. In welchem Zustande sie den Winter überlebe, dies sollte mir erst im Jahre 1867 bekannt werden. Ich besichtigte nämlich am 12. October 1866 meinen am 4. September gesäeten Weizen und bemerkte an Blättern Chloropseier. Um über dem weiteren Aufsuchen der Eier keine Zeit zu verlieren, bezeichnete ich mit Holzpflöckchen mehrere befallene Schosse, kehrte zu denselben wieder zurück, so oft sich hiezu vor Eintritt des Winters Gelegenheit bot, bemerkte aber an ihnen keinerlei Aenderungen. Der Winter war ein gelinder, der Schnee thaute mehrmals auf, wobei auch der auf einem Hügel gegen die Sonne gelegene Acker freigelegt wurde. Der nach strengen Frösten gefallene Schnee schmolz am 26. März wieder, einige warme Tage darauf und zeitweilige Regen belebten die Vegetation, der Weizen begrünte sich und am 4. April fand ich, dass er den Winter wohlerhalten überdauerte und aus der Wurzel mehrere Schosse treibe. Doch die im Herbst bezeichneten Schosse mit Eiern zeigten sich nun angeschwollen, ihre Blätter zusammengedreht und kränklich, wobei die Pflänzchen ein ähnliches Aussehen hatten, wie von Chlorops im Frühjahr oder Herbst befallene Gerstenpflanzen. Ihre Wurzeln waren vollkommen gesund, aber inzwischen der Blättchen, wo die Aehre ansetzt, sass je eine Made, aus denen sich nach Uebersetzung des Weizens in Blumentöpfe am 6. Mai *Chlorops taeniopus* entwickelte. Weiter forschend, fand ich gleichartige Maden auch im Roggen, desgleichen in Wildgräsern, welche letztere aber durch keinerlei Anzeichen die Gegenwart der übrigens noch winzigen Maden verriethen. Es unterliegt also keinem Zweifel, dass die Wintergeneration der *Chlorops taeniopus* im Weizen und Roggen, sowie in Wildgräsern im Zustande der Larve überwintert, im Frühjahr sich verpuppt und als Fliege erscheint." Alles dies habe ich mitgesehen und kann es im Ganzen und Besonderen bestätigen.

In Herrn Lippert's Berichte *) findet sich folgende Stelle: Die Wintergeneration scheint sich an wildwachsenden Gräsern zu entwickeln, ich habe in dieser Beziehung bis jetzt keine genaue Erfahrung, dass jedoch meine Annahme der Brutplätze an wilden Gräsern vielleicht die richtige ist, glaube ich aus dem Grunde annehmen zu dürfen, weil ich auf *Lolium perenne* Ende August und

---

*) Mitgetheilt vom Herrn Künstler in den Verhandlungen der zool. bot. Gesellsch. 1867 S. 936.

Anfangs September **Larven der Chlorops** gefunden, aus welchen nach kurzer Zeit vollkommen entwickelte Fliegen schlüpften. Hiedurch ist mir wenigstens der Beweis geliefert, dass diese Chlorops wilde Gräser ebenfalls liebt und diese höchst wahrscheinlich als Brutplätze für die Wintergeneration wählt". Im Anschlusse daran theile ich mit, dass Gutsbesitzer Konopka seit 1864 bis 1870 nur in den Jahren 1865, 1866 und 1869 auf zeitlichen Wintersaaten abgesetzte Eier vorfand, dagegen in den anderen nicht, dass sich aber dennoch im darauf folgenden Frühjahre zahlreiche Chloropsfliegen im Getreide zeigten, die offenbar von anderwärts herbeigeflogen worden waren. Diess lässt Herrn Konopka vermuthen, dass die Eier der Wintergeneration in der Regel auf **Wildgräser** abgesetzt werden mögen und Chlorops nur unter ausnahmsweise günstigen Verhältnissen Wintersaaten zu Brutplätzen wähle *).

In meinem Eingangs erwähnten Aufsatze „Ueber Insectenschäden in Galizien" habe ich die sich in Getreidesaaten entwickelnde Wintergeneration der *Chlorops taeniopus* nach eigenen Anschauungen in Verbindung mit Gutsbesitzers Konopka Beobachtungen beschrieben. Seither gewann ich keine neuen Gesichtspunkte.

Dr. Kollar's Beobachtungen über die angebliche *Chlorops strigula* und die Angaben Dr. Taschenberg's über die Wintergeneration der problematischen *Chlorops lineata*, stimmen im Wesentlichen damit überein, was wir mit Gutsbesitzer Konopka über die Wintergeneration der unzweifelhaften *Chlorops taeniopus* in Erfahrung gebracht haben. Nicht so verhält es sich mit Dr. Haberlandt's Mittheilungen über seine *Chlorops strigula*, wie sich an bezüglichen Stellen der nachstehenden Schilderung zeigen wird.

Eier. Diese werden von *Chlorops taeniopus* einzeln an Blättern der Wintersaaten abgesetzt, die einen früher, die anderen später, je nach der Zeit, in welcher die Weibchen schwärmen; man findet sie hauptsächlich an zeitlichen, weniger oder gar nicht an späten oder auch je nach dem Jahr an keinen von beiden. Die Dauer des Eizustandes dürfte kaum Jemand mit Sicherheit bekannt sein. Dr. Haberlandt giebt wohl 2—3 Tage an, erwiederte jedoch auf meine bezügliche Anfrage, dass er hierüber in seinen Notizen vom Jahre 1865 keine weiteren Anhaltspunkte gefunden habe.

Larve. Das Ausschlüpfen der Larven erfolgt ungleichzeitig, doch vor Eintritt des Winters. Ihr Eindringen ins Innere des Schosses, namentlich ob sie sich hineinbohren, wie dies Dr. Haberlandt für seine *Chlorops strigula* angiebt, oder etwa frei durch die Oeffnung der herausstehenden Blatthüllen hineingelangen, dürfte bisher noch Niemand durch directe Beobachtung entschieden haben.

Ihre Abwärtsbewegung von der Eintrittsstelle bis zum Wurzelhalse zu verfolgen ist eine Unmöglichkeit und kann man sich darüber ein Urtheil nur aus

---

*) Siehe den Schlussabsatz: Ausrottung der Quecke.

den Erscheinungen an den Pflänzchen selbst bilden. An diesen sah ich im Frühjahre die Spreiten der ausgeschossten oberen Blatthüllen zum Theile verschroben oder gerollt, an der Spitzenhälfte welk oder abgetrocknet und gelblich, sichtlich aus dem Grunde, dass sie in noch unentfaltetem Stadium von der abwärtssteigenden Made angefressen worden waren. Es leidet daher keinen Zweifel, dass die Made ins Innere des Schosses von oben über der Terminalknospe, eindringt, wie jene der Sommergeneration über der Aehre, darauf fressend, wahrscheinlich am Rande der eingedrehten zusammengeschachtelten Blättchen, allmälig bis zum Wurzelhalse abwärts kriecht. Am Herzblatt angelangt, zerfrisst sie namentlich dessen Basis, was ich an nicht wenigen Exemplaren gut gesehen zu haben glaube, und zerstört auch den Aehrentrieb, um die Aehrenbildung zu verhindern. Der Weg, den sie im Ganzen durchmacht, ist bei der Kleinheit des Schosses jedenfalls bedeutend kürzer, als jener, den die Made der Sommergeneration zurücklegt.

Im Wurzelhalse macht sie Halt, wie die Made der Sommergeneration über dem obersten Halmknoten, bereitet sich hier ihre winterliche Lagerstätte *), in welcher sie den Winter in der Regel, wenigstens in nördlichen Ländern, im Larvenzustande überdauert.

Also lebt die Made der Winter- wie jene der Sommergeneration ausschliesslich innerhalb der Pflanze und frisst geschützt von Blatthüllen. Der Gefahr entblösst zu werden, was jener öfter passirt, ist sie gar nicht ausgesetzt, da sich der zerstörte Schoss nicht entfaltet. Auch Fröste und überhaupt Unwetter können ihr in ihrer Lagerstätte nichts anhaben.

Sie unterscheidet sich durch nichts von der Made der Sommergeneration. Ich habe sie in den von ihr bewohnten, frischen und getrockneten Schossen der Wintersaat mehreren mir bekannten Professoren zur Einsicht eingeschickt und Dr. Stein in Prag äusserte sich über sie in seinem Antwortschreiben derart: „Ich habe die mir wohl erhalten zugegangene Larve aufs genaueste mit dem Mikroskope untersucht und mich von ihrer völligen Identität mit der die Weizenhalme unterhalb der Aehre bewohnenden Chloropslarven aufs bestimmteste überzeugt. Die Larve zeigt dieselben feinen queren Punktreihen über der vorderen Hälfte der Körpersegmente und dieselbe Form des Stigma prothoracicum und der hinteren Stigmen, wie die Larve der Sommergeneration, die ich im vorigen Jahre (1869) sorfältig zu untersuchen Gelegenheit hatte". Also ist es begründete Thatsache, dass in Galizien wie Böhmen dieselbe Art, *Chlorops taeniopus*, als Weizenverwüsterin auftritt. Herr Künstler nennt die aus Böhmen erhaltene Fliege in den Verhandl. der zool. bot. Ges. 1867 S. 939 *Chlorops strigula* Fabr. Dr. Löw constatirte, dass die ihm von mir eingeschickten Larven mit den in Deutschland grassirenden identisch sind.

---

*) Hier aufgefunden, mag sie früherer Zeit manche Berichterstatter (z. B. Mittheilungen der Mährisch-Schlesischen Gesellschaft für Ackerbau) auf den Gedanken geführt haben, dass die Fliegen ihre Eier an die Wurzeln der Wintersaaten ablegen.

Pathologische **Erscheinungen** und Schaden als Folgen des **Madenfrasses**. Nach Mittheilungen Gutsbesitzers Konopka l. c. zeigen befallene Schosse im Herbste keinerlei Anzeichen, an denen sie von den gesunden leicht unterschieden werden könnten, es darf daher auch nicht Wunder nehmen, dass der Schaden nicht bemerkt wird, zumal auch die winzigen Lärvchen in den etwa aufgeschnittenen Schossen wegen Ueberquellung der Säfte gar leicht übersehen werden können.

Anders verhält sich die Sache im Frühjahre. Denn sobald warme Sonnenstrahlen, sowohl Saaten als auch vom Winterschlaf erwachte Larven zu neuer Lebensthätigkeit rufen, wachsen die gesunden Schosse normal und rüstig empor, während die heimgesuchten wegen ihres durch die Larve zerstörten Innern in der weiteren Entwicklung und im Wachsthum zurückbleiben, keine Aehren ansetzen, sich verkrümmen, dabei, um Dr. Kollar's Worte zu gebrauchen, unnatürlich dick aufschwellen, etwas breitere Blätter bekommen und überhaupt ein robusteres Ansehen erhalten, so dass sie dadurch nunmehr dem geübteren Auge leicht auffallen. Doch nach kurzer Zeit werden sie von den überwuchernden, gesunden Schossen verdeckt und hiedurch der Aufmerksamkeit entzogen. Die Saat prangt nun in aller Herrlichkeit da, und wenn der Landwirth sie um diese Zeit ansieht, kann er nicht anders, als die besten Hoffnungen auf eine reichliche Ernte zu schöpfen. Leider aber sollen dieselben nicht in Erfüllung gehen, denn der im Hinterhalte verborgene Feind wird sich alsbald entwickeln und in den Saaten in arger Weise hausen.

Schneidet man verdickte Schosse *) auf, so findet man in jedem in oder etwas über dem Wurzelhalse je eine mit dem Kopfende nach unten gerichtete, mehr oder weniger ausgewachsene Chloropsmade als Urheberin der Verunstaltung. So lange sie ihre Metamorphose durchmacht, vegetirt der von ihr heimgesuchte Schoss, erhält sich in seiner grünen obwohl nicht ganz frischen Farbe; erst gegen Ende derselben im Frühjahr welkt er, trocknet allmälig ab und geht schliesslich in seinem verkürzten Zustande ein, wenn der Parasit ausgeflogen ist. Aehnliche Vorgänge kennen wir auch im Thierreiche an Raupen, die von Schlupf-

---

*) Gesunde **Schosse** zeigen sich öfter etwas robuster als andere und der ungeübte Beobachter könnte sie für von der Made bewohnte nehmen. So klagte mir auch am 15. März ein Landwirth, dass sein Winterroggen arg hergenommen sei, da die Made in den meisten Schossen stecke. Er zog die Blatthüllen ab, zuletzt das Herzblatt und liess mich dann die wie ein aufrechtes Stäbchen aus dem Wurzelhalse hervorstehende Made anschauen. Ich that dies, sah aber nur das einige Millimeter lange Aehrchen welches der Landwirth, weil es hyalin war und Einschnitte hatte, der Made also in der That nicht unähnlich ist, für letztere angesehen hatte. Nach dieser Aufklärung schied er frohen Muthes von mir, mit meinem Wunsche, er möge nur immer lauter solche Maden in seinem Wintergetreide finden.

wespen verfolgt werden; die angestochene Raupe lebt ebenfalls so lange, bis ihre Parasiten auswachsen und aus ihr schlüpfen.

Wer sich, selbstverständlich in heimgesuchten Gegenden, vom Vorhandensein der Wintergeneration mit eigenen Augen überzeugen will, der begebe sich, wie ich es durch mehrere Jahre innerhalb der Zeit vom 8. März bis 22. April gethan habe, nach Erwachung der Vegetation im Frühjahr nöthigen Falls zu wiederholten Malen auf sonnige Stellen der frühzeitig bestellten, nicht späten, Weizen- oder Roggensaaten, sehe sich daselbst ein Pflänzchen nach dem andern insbesondere an Feldrändern oder Furchen an, und er wird bald eines verdickten Schosses mit der Chloropslarve oder Puppe gewahr. Hat er nur erst einen einzigen erschaut, und angeschaut, dann bemerkt schon sein Auge mit Leichtigkeit ihrer mehrere, eventuell viele, so dass er ob der Menge erstaunen wird, während er anfänglich davon nichts gesehen hat. Aus mit Gaze im Felde überdeckten oder nach Hause mitgenommenen verdickten Schossen wird sich der Urheber ihrer Missbildung, *Chlorops taeniopus*, entwickeln, der alle etwaigen Zweifel über seine Wintergeneration lösen wird.

Ueber den Larvenfrass berichtet Dr. Haberlandt l. c. für *Chlorops strigula*: „Indem die Larve die Terminalknospe zerstört, verhindert sie dessen weitere Entwicklung; er trocknet ab und macht sich die Beschädigung zunächst durch das Gelbwerden *) der obersten oder innersten Blätter bemerkbar." Der charakteristischen Verdickung gedenkt Dr. Haberlandt nicht, und schrieb mir auch heuer bestätigend, dass er von einer solchen habe nichts bemerken können. Diesem nach mag also entweder der beobachtete Schädling nicht *Chlorops taeniopus* gewesen sein, oder aber die Beschädigung der Wintersaat in Ungarn sich anders als in nördlichen Gegenden gestalten. Die Fressbahn im Inneren des Schosses giebt Dr. Haberlandt in seinem Aufsatze als eine allmälig enger werdende Spirale an; nach seiner gefälligen brieflichen Mittheilung „zeigte sie sich im Innern der noch verkürzten Schosse sowohl im Frühjahr, wie im Herbste". Ich konnte sie bei auf *Chlorops taeniopus* untersuchten Schossen nicht erschauen, ingleichen mit mir Gutsbesitzer Konopka.

---

*) Diese spärliche Andeutung ohne alle Zeitangabe könnte auch auf einen anderen Insectenschaden bezogen werden, wie mir dies selbst begegnete, als wir mit Gutsbesitzer Konopka im November 1870 seine arg gelichteten Weizen- und Roggenfelder besichtigten. Ueber die Hälfte der Pflänzchen waren abgetrocknet oder faul, liessen sich leicht abreissen oder aus der Erde hervorziehen, enthielten aber keinen Schädling. Erst als wir einige noch lebende Schosse mit gelbgewordenen Blättern untersuchten, zeigte sich im Wurzelhalse ein weissliches Lärvchen, welches darüber das ganze Parenchym ausgefressen hatte, so dass nur Gefässbündel übrig blieben. Es war sicherlich keine Chloropsmade, ob Oscinis liess sich vorläufig nicht eruiren. Den Zustand der verwüsteten Saaten könnte man trefflich so schildern, dass von demselben nur „äusserst gelichtete Bestände in den Winter kamen", Worte, die Dr. Haberlandt für seine *Chlorops strigula* gebrauchte. Anzeichen der Beschädigung durch *Chlorops taeniopus* konnte ich im Herbste nicht wahrnehmen.

weder im Roggen noch im Weizen. Wir haben eine Blattscheide nach der anderen bis zur innersten vorsichtig abgezogen, das Pflänzchen jedesmal durch gute Loupen angeschaut, aber eine spiralige von aussen durch eine gelbbraune Linie markirte Fressbahn nicht wahrnehmen können. Wann der befallene Schoss abtrocknet, bemerkt Dr. Haberlandt nicht. Für *Chlorops taeniopus* habe ich schon angegeben, dass dies erst dann im Frühjahr eintritt, wenn der Schädling seine Metamorphose beinahe durchgemacht hat.

Aus dem Rückblicke auf die geschilderten Folgen der Beschädigung des Getreides durch die beiden Chloropsgenerationen ergiebt sich, dass die im Frühjahr befallenen älteren Schosse, wenn auch mangelhaft, so doch weiter wachsen, und an ihnen wenigstens taube Aehren zur Entwicklung gelangen, dagegen jene im Herbste angegriffenen, an erstere durch ihre kolbenartige Verdickung erinnernden, keine Aehren ansetzen und im verkürzten Zustande im frühen Alter zu Grunde gehen. Dieser Unterschied in den Folgen des Larvenfrasses scheint aber kein constanter zu sein, denn es berichtet Gutsbesitzer Konopka l. c., er habe einmal im Frühjahr an einigen befallenen Schossen der Gerste und des Sommerweizens ähnliche Erscheinungen wie an den Schossen des Wintergetreides beobachtet. Möglich also, dass Schosse der Sommersaaten gleich jenen der Wintersaaten, wenn sie so jung befallen werden, dass sie ihre Aehrchen kaum angesetzt haben, durch dessen Zerstörung nicht weiter wachsen und im verkürzten Zustande eingehen, während ein älterer Schoss mit bereits mehr oder weniger innerhalb der Blatthüllen entwickelter Aehre von der Larve nicht mehr ganz vernichtet, sondern nur theilweise beschädigt werden kann, sich daher weiter entwickelt und nur in der bekannten Weise deformirt. Würde sich diese hier ausgesprochene Vermuthung bestätigen, dann wäre es ein interessanter Zug aus dem Leben der Chloropslarven der Sommergeneration, dass sie sich den Umständen zu fügen und ihre Nährpflanze in einer deren Alter entsprechenden Weise zu bemeistern wissen.

Der durch die Larven der Wintergeneration an den Wintersaaten verursachte Schaden liesse sich ertragen und dadurch ausgleichen, dass bekanntlich Roggen und Weizen sich gewöhnlich mehrfach bestockt, und wenn auch ein oder zwei Triebe davon vernichtet würden, die übrig gebliebenen auswachsen und ergiebig fructificiren könnten. Allein die im Frühjahr ausschlüpfenden Fliegen der Wintergeneration legen, wie ich es schon einmal bemerkt habe, auf den bereits decimirten Winterweizen ihre Sommerbrut ab, welche denselben wieder und in ärgerer Weise verwüstet. Auf diese Art wird die Herbstsaat zwei Mal beschädigt, von den Larven der Winter- wie Sommergeneration, dagegen Sommergetreide nur einmal von der Sommergeneration.

Puppe und Fliege. Je nachdem die Larven im Herbste zeitlicher oder später aus dem Ei geschlüpft waren und nach der Ueberwinterung im Frühjahr mehr oder weniger ausgewachsen sind, verpuppen sich die einen früher, die andern später, alle innerhalb des Schosses, nicht aber in der Erde, wie ich irgendwo gelesen habe. Demgemäss erfolgt auch das Schwärmen der Fliegen zur ungleichen Zeit, in Galizien früher oder später im Mai. Die ganze Entwicklungszeit der Wintergeneration währt länger als jene der Sommergeneration. Nach Dr. Haberlandt (l. c.) überwintert *Chlorops strigula* (?) in Ungarn „entweder als Scheinpuppe oder als mehr oder weniger ausgewachsene Made". Für *Chlorops taeniopus* mag ersteres vorherrschend in südlicheren, letzteres in nördlicheren Gegenden der Fall sein, übrigens auch wohl vom Herbstwetter und der Anbauzeit abhängen. Im Krakauer Gebiete fand ich in den Jahren 1869 bis 1871 in der Zeit zwischen dem 8. März und 20. April lauter Larven, die sich erst darauf zu verpuppen begannen.

Gutsbesitzer Konopka machte im Jahre 1870 nachstehende, mir zur Verwerthung gütigst mitgetheilte Beobachtungen: 22. April Maden im weissen Sandomirer Weizen; 27. April Maden und einige Puppen im Roggen; 29. April zahlreiche Maden im Weizen und eine Puppe; 6. Mai noch viele Maden im Roggen theils im Wurzelhalse des Schosses, theils höher bis gegen die Spitze hinauf, woraus folgen würde, dass Maden mitunter zur Verpuppung aufwärts kriechen, oder vielleicht durch den Pflanzenwuchs hingeschoben werden mögen; 11. Mai im Weizen mehr Puppen als Larven; 18. Mai die ersten Fliegen und copulirte Pärchen, am 19. Mai die ersten Eier, darauf viele Eier an Rasen, Furchen, nassen Stellen, in Niederungen, wo der Weizen schwächer und schütterer wuchs, überhaupt auf nassen und verunkrauteten Aeckern, dagegen wenig oder gar keine Eier auf entwickelterer und üppig kräftiger Saat.

Die Fliegen, deren schon in der Einleitung zur Sommergeneration gedacht wurde, legen ihre Eier nicht nur auf dieselben Wintersaaten, aus denen sie hervorgegangen sind, sondern auch auf aufgehende Sommersaaten, die sie aufsuchen. Aus diesen Eiern entsteht wieder die das Zerstörungswerk im Getreide, vorzüglich im Weizen, weiter fortführende schädlichere Sommergeneration der Chloropslarven.

Dies im Wesentlichen der bisher bekannt gewordene jährliche Verlauf des Lebens von *Chlorops taeniopus*. Die Dauer des Ei-, Larven- und Puppenzustandes, sowie der Erscheinungszeit der Fliegen der einzelnen Generationen hängt zu sehr von ungleichartigen Verhältnissen nach den verschiedenen Gegenden und Ländern ab, als dass sich hierüber, wenigstens für jetzt, allgemein giltige Angaben nach Tag und Stunde hätten machen lassen. In dieser wie in anderer Hinsicht, namentlich was z. B. die sich verschieden gestalten sollenden Folgen des Larvenfrasses anbelangt, bedarf es noch fernerer Beobachtungen, um die noch mangelnden und ungenügend erkannten oder verkannten Einzelnheiten aufzuklären.

Ueber die Verwüstungen, welche *Chlorops taeniopus* allerorts besonders im Weizen anrichtet, sind in den letzten Jahren von allen Seiten gegründete Klagen erhoben worden. Diese Verheerungen erreichen mitunter wahrhaft colossale Dimensionen, wie z. B. in Galizien im Jahre 1869, wo der Schaden im Weizen allein, niedrig gegriffen, auf 3 Millionen Gulden österr. Währ. berechnet wurde. Es sind nämlich nach den vom Herrn Lange im Auftrage des hohen k. k. Ackerbauministeriums über die Ernte gesammelten statistischen Daten in 26 Bezirken Westgaliziens 420171 Koretz *) von 432322 Morgen eingeerntet worden. Die über Beschädigung des Weizens durch Chlorops eingelaufenen amtlichen und privaten Berichte gaben je nach der Gegend einen zwischen $1/10$ bis $1/2$ schwankenden Verlust des gewöhnlichen Ertrages an. Nimmt man durchschnittlich $1/3$ an, so betrug der Ausfall mindestens 140000 Koretz im Werthe 1,400000 Gulden, und mit dem Strohverluste an 1,500000 Gulden in Westgalizien allein. Als ich diese Ziffern während der Jahresversammlung der Mitglieder der Krakauer Ackerbaugesellschaft vortrug, unterbrachen mich zahlreiche Stimmen: Mehr! Mehr! ich verlor 10000 Gulden! mein Schaden betrug 6000 Gulden! u. s. w. Ostgalizien wird kaum weniger eingebüsst haben, so dass das ganze Land ohne alle Uebertreibung im Einkommen einen Ausfall von circa 3 Millionen Gulden zu leiden hatte. Den Schaden Westgaliziens vom Jahre 1865 schätzte Gutsbesitzer Konopka auf 500000 Dukaten, im Jahre 1870 scheint er geringer gewesen zu sein, aber doch über anderthalb Millionen Gulden betragen haben. Nicht besser dürfte es auch anderen viel Weizen cultivirenden Ländern ergehen, daher es auch an der Zeit wäre, dass die Landwirthe die Plage nicht gleichmüthig über sich ergehen liessen, sondern derselben nach Kräften entgegen wirken möchten.

Mittel zur Bekämpfung der Chlorops taeniopus.

Die Vorbauungs- und Vertilgungsmittel ergeben sich von selbst aus den Lebensbedingungen der Schädlinge, sowie aus den für sie günstigen und nachtheiligen Einflüssen, wenn man diese nur richtig zu erforschen sich bemüht und die gesammelten Erfahrungen gehörig würdigt.

Was *Chlorops taeniopus* anbelangt, so liefert schon die alleinige allerorts beobachtete Thatsache, dass während manche Weizenfluren arg verwüstet werden, andere nahe mit derselben Frucht bebaute Aecker verschont bleiben oder nur geringen Schaden leiden, den sprechendsten Beweis dafür, dass der verschiedene Grad des Befallenwerdens oder das Verschontbleiben durch den Schädling nicht zufällig ist, sondern dass hier im Gegentheile gewisse Ursachen zu Grunde liegen müssen, die nur erkannt und ausgenützt werden wollen, um den Schaden hintanzuhalten.

---

*) Ein Koretz = 2 Metzen.

In allen älteren Mittheilungen, z. B. jenen Rosenhauer's in der Stettiner entom. Ztg. 1860, Dr. Rossmässler's in „Aus der Heimath" 1860, ferner jenen in den Preuss. Annalen der Landw. B. 36 u. ff., der Schlesischen landw. Zeitung 1863 Nr. 32, 39, Allg. land- und forstwirthsch. Zeitung Nr. 23 u. s. w. finden wir eine Reihe von vorgeschlagenen, übersichtlich von Russ zusammengestellten, in Wilda und Krocker's landw. Centralbl. 1865 S. 37 wiedergegebenen Mitteln, deren einige unpraktisch erscheinen, andere aber ganz geeignet sind, der durch Chlorops verursachten Calamität vorzubeugen oder sie wenigstens zu vermindern, daher auch hier auf Grund der in Galizien gesammelten Erfahrungen zur Anwendung in heimgesuchten Gegenden eindringlichst empfohlen werden.

Die Anordnung der verschiedenen, directen und indirecten Vorbauungs- oder Vertilgungsmittel kann auf zweifache Art geschehen: entweder nach dem Grade ihrer Wichtigkeit überhaupt, oder aber in der Aufeinanderfolge, wie sie gegen die Fliegen, das Eierlegen, die Eier selbst und Raupen wie Puppen beider Generationen gerichtet werden sollten. Ich wählte das erstere, indem durch Anwendung der wichtigsten Mittel eigentlich alle Stände des Schädlings bekämpft werden.

Bringt man die bisher über das massenhafte Auftreten des *Chlorops taeniopus* bekannt gewordenen Thatsachen in Zusammenhang, so ergibt sich für den Landwirth in Bezug auf Schutz gegen den Schädling als hauptsächlichste Regel seines Zuthuns das

Hinwirken auf eine möglichst frühzeitige, gleichzeitige und kräftige Bestockung der Saaten.

Mit diesen, vom Herrn Staudacher in der Wiener landw. Zeitung 1869 S. 340 gebrauchten Worten oder dem gleichbedeutenden, vom Rittergutsbesitzer Rosenberg-Lipinski in der Schles. landw. Zeitung 1864 Nr. 39 gemachten Vorschlage der Wahl guten Bodens oder guter Beackerung und Düngung des mageren, ist in Hinsicht auf die oben geschilderten Lebensbedingungen der Chlorops beinahe alles gesagt, wie sich der Landwirth vor Schaden wahren kann, wenn er auch ausser dieser Umsicht sonst keine directen Vertilgungsmittel gegen den Schädling in Anwendung bringen sollte und wollte. Man biete also dem Getreide alle jene Bedingungen *), welche sein freudiges Gedeihen, das üppig kräftige und beschleunigte Wachsthum und das möglichst frühzeitige Ausschiessen der Aehren befördern. „Kränkelnde, spärlich wachsende Pflanzen," schreibt Dr. Taschenberg auf Seite 15 seiner Entomologie für Gärtner, „werden viel lieber von dem Ungeziefer angegriffen, als kräftig gedeihende, solche leiden natürlich auch weit mehr unter den Angriffen, während die kräftigen ihren Feinden gewissermassen über den Kopf wachsen."

---

*) Schlipf, Populäres Handbuch der Landwirthschaft.

Wie das Gedeihen des Getreides erreicht werden kann, das wissen gebildete Landwirthe ganz gut. Trotzdem wird es nicht unzweckmässig sein, im Weiteren jene Mittel vor Augen zu führen, welche auf Grund der bisher erkannten Ursachen des massenhaften Auftretens der *Chlorops taeniopus* sich als zur practischen Verwerthung entsprechend erweisen, um diesem Schädling erfolgreich entgegenarbeiten zu können.

Beseitigung übermässiger Nässe der Aecker.

„Regelung des Feuchtigkeitsgrades einer Feldflur", schreibt Rittergutsbesitzer Rosenberg-Lipinski in seinem geschätzten Werke „der practische Ackerbau" 1866 S. 42, „bedingt zunächst die Wohlhabenheit des Landwirths". In Bezug auf Chlorops äussert sich Gutsbesitzer Konopka l. c.: „Die Nässe des Bodens bewirkt eine Wässerigkeit der Säfte und Siechheit des Getreides und begünstigt hiedurch die Vermehrung des Schädlings, da ihm eben dieser Zustand der Pflanze zuträglich ist." — Ueber 100 Berichte aus Galizien klagen über grosse Verwüstungen des Weizens auf nassen Aeckern. Mit Rücksicht also auf diese Thatsachen empfiehlt sich die Beseitigung aller äusseren, sowie durch Undurchdringlichkeit des Bodens oder sein leichtes Nässigwerden hervorgerufene Feuchtigkeit durch Drainiren, Abzugsgräben, quere Wasserfurchen und dergl.

Richtige Wahl des Ackers und seine sorgsamste Bestellung.

Wem es passirt ist, für die anzubauende Getreideart nicht den passendsten Acker gewählt zu haben, dem wurde die siechende Saat arg zugerichtet.

Immer und überall macht man fernerhin die Beobachtung, dass an Feldrändern und Furchen, wo die Erde magerer ist, desgleichen an Stellen mit ungenügend zereggten Schollen, das Getreide schwächer wächst und dass Chlorops vor allem die daselbst befindlichen Siechlinge angreift. Man beuge also dem vor durch sorgfältige Zerkrümmelung des Ackers und gleichmässige Vertheilung des Düngers bis an die Furchen. Sind letztere in Gesenken im Frühjahr nach erfolgter Schneeschmelzung oder später durch Regen mit Wasser gefüllt worden, so lasse man es nicht anstehen.

Herr Staudacher empfiehlt in seinem oben angezogenem Berichte: Tiefe Pflugarbeit, Unterbringen des Samens in gleichmässige Tiefe Maschinenreihensaat, Vermeidung frischer Stallmistdüngung, indem man dem Wintergetreide einen in alter Dungkraft stehenden Acker anweist, zu Sommergetreide aber, wenn dazu gedüngt werden muss, die Düngung wo möglich schon im Herbste gibt; entschieden günstig dürften nach seiner Ansicht auch Kunstdünger in gleichmässiger Vertheilung wirken. Diese Schutzmittel begründet Herr Staudacher mit folgenden, um Mährisch-Schönberg über die Sommergeneration der *Chlorops taeniopus* aufmerksam gemachten Beobachtungen „Ueberall, wo eine lässige und insbesondere seichte Ackerbestellung stattfindet, tritt die Kornfliege weit verheerender auf, als auf gut und tief bestellten Feldern. Es zeigt sich dies hier so deutlich und scharf, dass selbst die sich sonst wenig um derartige Beobachtungen kümmernden Feldarbeiter darauf aufmerksam wurden. Denn man kann sehen, wie zwei Weizenfelder, hart neben einander und von gleicher Lage und Bodenbeschaffenheit, in ganz verschiedenem Masse von diesem Insecte heimgesucht sind. In einem Felde tritt es nur ganz sporadisch auf, in einem andern dagegen hat es $\frac{1}{3}-\frac{2}{3}$ der Halme befallen und geschädigt. Der Ortskundige, mit den verschiedenen Betriebsweisen vertraute Landwirth wird stets die seichte Ackerung und das befallene Feld beisammen finden. Weiters habe ich beobachtet, dass das Insect unter sonst gleichen Verhältnissen dort, wo frische Düngung gegeben wurde, verheerender auftrat, als auf Feldern mit alter Dungkraft. Sicher ist es auch, dass verarmte kraftlose Felder am meisten von der Kornfliege zu leiden haben. Auch das zeigt sich hier aufs deutlichste, dass Reihensaaten weitaus weniger gelitten haben, als breitwürfige Maschinen- oder Handsaaten. Endlich konnte sich Jeder überzeugen, dass auf ein und derselben Pflanze nur die jüngeren sich später entwickelnden Halme vom Insect befallen wurden". Es ist sehr zu bedauern, dass Herr Staudacher nur allgemein vom Winterweizen und verschiedenen Sommerweizen spricht, und nicht die stärker verwüsteten Sorten namentlich aufgeführt hat. Dass Chlorops gewisse Sorten mehr als andere angreift, davon wird weiter unten die Rede sein. Möglich also, dass die bedeutendere Verheerung um Schönberg theilweise auch darin und nicht bloss in seichter Ackerbestellung oder frischer Düngung ihren Hauptgrund gehabt hatte.

Manche vom Herrn Staudacher empfohlene Schutzmittel wurden schon früher von anderen Beobachtern zur Sprache gebracht. So giebt Herr Bodemeyer in der Schles. landw. Ztg. 1864 an, dass in Schlesien sich ganz besonders gut bestandene Drillsaaten bewährt haben. „Die starken harten Halme solcher Saaten scheinen dem Insecte durchaus nicht zugesagt zu haben; man findet hier manche gedrillte Felder fast ganz verschont, während unmittelbar daneben stehende Breitsaaten stark mitgenommen sind." Daselbst schreibt auch der erfahrene Landwirth v. Rosenberg-Lipinski: „So wurde mir im Jahre 1860 ein Gerstenfeld, welches zwei Jahre hinter einander zu Rüben, dann zu Banatgerste, Stallmistdüngung erhalten hatte, weit schärfer verwüstet als das angrenzende, an demselben Tage und mit derselben Gerstensorte bestellte Feld in zweiter Tracht. Ein üppiger Fruchtstand sagt der Made am meisten zu." In Wilda und Krocker's landw. Centralblatt 1865 S. 41 wird gesagt: „Guter Boden und starke Düngung schützen keineswegs immer." Dies bestätigte sich in Galizien bei üppig-zarten Saaten; üppig-kräftige widerstanden den Angriffen.

Nachhelfen mit Kunstdüngern

wie Guano, Poudrette u. dgl., damit das Getreide, welches schlecht überwintert und deshalb oder vom Frost im Frühjahr oder aus irgend anderen Ursachen zurückgeblieben ist, sich schnell erhole und nachschosse, und Chlorops zur Zeit des Eierlegens im Frühjahr keine Siechlinge finde.

Möglichst frühzeitige Aussaat.

Im Centralblatt für die gesammte Landescultur 1864 S. 289 veröffentlichte Dr. Haberlandt die ihm zugekommenen Mittheilungen des galizischen Gutsbesitzers Prochaska, worin es unter anderm heisst: „Nicht in allen Gegenden hat sich die Plage fühlbar gemacht, sowie auch nicht alle Weizenfelder in gleichem Grade beschädigt sind. Auf meinen Aeckern steht die Vernichtung im Verhältniss zur Anbauzeit. Die frühen Saaten litten am wenigsten, die letzten am meisten, und zu diesen gehört ein Acker nach einjährigem Klee den 2. October angebaut." In einem Berichte der Schlesischen landw. Zeitung 1864 heisst es ebenfalls: „Die besten Weizenböden waren am stärksten befallen und namentlich späte und schwache Saaten litten am meisten; recht früh bestellte und kräftige Felder am wenigsten und fanden sich darin nur die Nachschösslinge angegriffen." In der Monatsschrift des landw. Provinzialvereines für die Mark Brandenburg und Niederlausitz, Januar 1865, findet sich in dem Berichte Herrn Starke's folgende Stelle: „Dass der Weizen und nur späte Gerste heimgesucht werden, frühe dagegen selbst nicht in der Nähe stark angegriffener Weizenfelder, hat entschieden seinen Grund in der Gewohnheit der Fliege, nur unter ⅔ solche Aehren ihr Ei abzusetzen, die noch nicht aus der Blattscheide hervorgetreten sind." Dr. Taschenberg, der in seiner Naturgeschichte der wirbellosen Thiere auf S. 275—278 über den Bericht des Herrn Starke referirt, schreibt auf S. 167 bei *Chlorops lineata* (wohl *taeniopus*): „Nach Beobachtungen in England hatten nur die Ende September, Anfangs October bestellten Saaten von der Wintergeneration Schaden erlitten." Herr Staudacher spricht in der Wiener landw. Zeitung 1869 S. 340 von schlagenden Beispielen um Mährisch-Schönberg, dass Saaten, die unter sonst gleichen Umständen im Herbste frühzeitig bestellt wurden, wenig oder gar nicht vom Insecte heimgesucht werden, während alle späteren Saaten davon stark beschädigt sind."

Was Galizien anbelangt, haben auch Gutsbesitzer Kanopka's mehrjährige Beobachtungen zeitliche Saaten als günstiger hingestellt. Mein Bericht „Ueber Insectenschäden 1869" fusste hinsichtlich der *Chlorops taeniopus* auf etwa 200, mir von den verschiedensten Gegenden des Landes zugekommenen Berichten. Sie stimmten darin überein, dass überall, wo ein gesunder Same zeitlich auf trockenen, gehörig gedüngten und beackerten, überhaupt geeigneten Gründen angebaut wurde, der Weizen unbedeutend oder gar nicht gelitten hatte. Dagegen zeigte aller Orten ein **Maximum des Schadens die Spätsaat auf kraftlosen, unter die Weizenfrucht weniger geeigneten, niedrig gelegenen und daher von Natur aus nassen, kalten, gegen Norden exponirten Gründen, sowie auf harten Kleefeldern, auf welchen der Kleesame geerntet wurde.** In Gegenden, wo wegen der besonderen Lage das Frühjahr später eintritt, war der Schaden, zumal bei mittelmässigen Gründen, immer ungleich grösser als anderwärts. In dem galizischen Theile des gesegneten Podoliens führt man die Aussaat gewöhnlich sehr zeitlich aus und es mag eben darin, sowie in der grossen Fruchtbarkeit des Bodens die Hauptursache liegen, dass der dortige Weizen im Grossen und Ganzen weitaus weniger verwüstet wird, als in Westgalizien. Wohl berichtete man aus einigen Gegenden des Landes, dass Frühsaaten stärker als Spätsaaten vom Schädlinge zugerichtet worden waren, doch werden daran verarmte Gründe oder andere Umstände Schuld gewesen sein. Spätsaaten auf kräftigen, aber lässig bearbeiteten Gründen blieben ebenfalls öfter nicht verschont. Auf unfruchtbaren Gründen zeigte sich mitunter ein Verhältniss der befallenen Halme zu den gesunden wie 70 : 30, weshalb Landwirthe nach erlittenen schweren Verlusten den Anbau der Sommer- wie Winterfrucht einstellen mussten, wie dies auch hie und da mit Raps wegen des *Meligethes aeneus* der Fall war.

Und es ist dies alles auch leicht erklärlich, wenn man bedenkt, dass magere oder schlecht bestellte Gründe nur Sieehlinge erzeugen können, welche wie es schon einmal der Lauf der Dinge in der Natur ist, dem Gewürme jure fortioris zur Beute fallen; dass dagegen ein guter Boden auch eine kräftig gedeihende Saat hervorbringt, welche die ihr vom Schädling beigebrachten Verwundungen leichter überstehen kann, und falls sie zeitlich angebaut wurde, auch ihre Aehren früher zum Ausschiessen gelangen lässt, als der Schädling seine Metamorphose durchmachen kann, wodurch derselbe auf natürlichem Wege, ohne weiteres Zuthun des Menschen, der Vernichtung preisgegeben wird. Ueberzeugt von dem Vortheile zeitlicher Aussaat auf geeigneten und gut bearbeiteten Gründen, empfahl ich 1869 die Anwendung dieser Culturmassregel in Wort und Schrift, und Landwirthe, welche sie befolgten, haben ihre Zweckmässigkeit anerkannt.

Dr. Kühn und Dr. Haberlandt glaubten im verflossenen Decennium **späten Anbau der Wintersaaten gegen die Wintergeneration der Chlorops** befürworten zu müssen. Ersterer empfiehlt nämlich in dem Wochenbl. der Annal. und in der Neuen landw. Ztg. 1864 II. 9. eindringlichst: „Die Aussaat des Weizens, wo irgend zulässig, nicht vor dem 18. September zu beginnen, sie aber auch wo möglich mit Schluss des Septembers zu beenden, da ein Bericht[*]) darauf hinweist, dass zu spät bestellte Saaten im nächsten Jahre

---

[*]) Es ist der auf Seite 37 erwähnte, in der Schlesischen landwirthsch. Zeitung 1864 enthaltene Bericht.

mehr gefährdet sein würden." Dr. Haberlandt schreibt wieder im Centralblatt für die gesammte Landescultur 1865 S. 58: „Dass die Beschädigung eine geringere ist, wenn die Saat spät erfolgte, diese Erfahrung konnten die Landwirthe in unserer Gegend (Ungarisch-Altenburg) alljährlich machen, ohne dass sie desshalb zur sichernden Spätsaat ihre Zuflucht genommen hätten. Recht auffällig zeigten kleine Saaten, die im botanischen Garten und auf den Versuchsfeldern der Anstalt im Herbste dieses Jahres gemacht wurden, diesen Unterschied. Im botanischen Garten erfolgte die Aussaat der diversen Getreidesorten bereits in der ersten Hälfte des Septembers, auf dem Versuchsfelde säete ich Getreide aus nördlich und südlich gelegenen Ländern Europas, an deren sicherem Gedeihen mir viel gelegen war, erst am 1. Oktober aus. Letztere Saaten blieben von *Chlorops strigula* vollkommen verschont, wogegen im botanischen Garten, trotz der dichten Aussaat, trotz des für die Bestockung des Getreides ausserordentlich günstigen Spätherbstes, äusserst gelichtete Bestände in den Winter kamen."

Zum Anrathen der späten Aussaat von Wintergetreide, die auch Herr Künstler in den Verhandlungen der zool. bot. Gesellschaft 1867 S. 939 auf die Gewährschaft Dr. Haberlandt's als günstig hinstellt, gab sichtlich die Schwärmezeit der Chloropsfliegen Veranlassung. Denn es schreibt Dr. Kühn [*]), der *Chlorops taeniopus* am 5. und 7. August aus ihm zugesendeten Weizen erzog, „dass die jetzt auskriechenden Fliegen ihre Eier an zeitigen Herbstsaaten legen werden". Dr. Haberlandt soll wieder beobachtet haben, dass die Fliegen um Ungarisch-Altenburg von Mitte August bis Ende September schwärmten, und bis Mitte Oktober nur Nachzügler ihre Eier auf den Saaten absetzten.

Es lässt sich wohl nicht läugnen, dass frühe Wintersaaten mit Eiern bedacht werden, dagegen späte in der Regel davon mehr verschont bleiben, dass ferner der Landwirth in der Spätsaat ein Mittel in seiner Hand hat, das Eierabsetzen der Wintergeneration theilweise zu verhindern und hiedurch dem Schädling wesentlich beizukommen. Doch ist damit noch nicht alles gewonnen. Denn erstlich sollen späte Wintersaaten nach dem Dafürhalten sachverständiger Agronomen auch ohne Chloropsangriffe fast immer bedenklich sein. Ferner wissen wir, dass Chloropsfliegen ihre Eier nicht allein auf Saaten, sondern auch auf Wildgräser absetzen und dass die im Frühjahr massenhaft hier oder dort ausschlüpfenden Fliegen der Wintergeneration sich über alle Saaten, frühe und späte, zerstreuen und dieselben mit Eier beschenken. Liegt also einerseits für die Spätsaat der unbestreitbare Vortheil darin, dass sie fast keine Beschädigung durch die Wintergeneration erleidet, so erwächst ihr andererseits ein Nachtheil daraus, dass sie in ihrer Entwicklung noch zurückgeblieben ist, wenn sie im Frühjahre vom herbeigekommenen Schädlinge befallen wird, und ihm als

---

[*]) Schlesische landw. Zeitung 1864 N. 33.

solche erfogen muss. Anders verhält es sich mit der Frühsaat, denn wenn auch die Wintergeneration davon ein gewisses Perzent vernichtet, so kann doch der verschont gebliebene und in seiner Entwicklung vorgerückte Rest den Angriffen der Sommergeneration besser widerstehen und zur Zufriedenheit des Landwirthes gerathen, wenn derselbe auch anderweitigen Umständen Rechnung getragen hat.

Daraus geht hervor, dass wenn man unter zwei Uebeln wählen muss, man lieber das kleinere wählen und daher dem von manchen landw. Blättern*) als massgebend betrachteten Rath Dr. Kühn's, ingleichen jenem Dr. Haberlandt's und Künstler's nicht unbedingt beipflichten solle. Zur besseren Begründung der Ungünstigkeit einer späten Aussaat will ich noch einige Thatsachen aus Galizien mittheilen. Am 20 April 1869 fuhr ich zum Gutsbesitzer Konopka nach Mogilany in der Absicht die Wintergeneration zu beobachten, und als wir uns zu diesem Zwecke verschiedene Feldstücke mit Winterweizen und Winterrogen besahen, fanden wir in zeitlichen Saaten ziemlich viele, dagegen in den späten fast keine angeschwollenen und daher angegriffenen Schosse. Tags darauf nach nach Krakau zurückgekehrt, wollte ich einigen Bekannten die Art der Beschädigung des Getreides durch die Wintergeneration auf einem nächstgelegenen Weizenfelde zeigen, machte jedoch Fiasco, indem trotz allen Nachsuchens auch nicht ein einziger missgebildeter Schoss entdeckt werden konnte. Die ganze Wintersaat blieb also von Chlorops völlig verschont; sie war, wie ich nachträglich vom Eigenthümer erfahren habe, spät im Herbste ausgeführt worden. Vor der Ernte aber fand ich sie fast zur Hälfte angegriffen, und auch Gutsbesitzer Konopka theilte mir mit, dass auf seinen Aeckern die Spätsaaten trotz des Verschontgebliebenseins von der Wintergeneration ärger ständen, als die durch letztere befallen gewesenen Frühsaaten. Viele Landleute in Galizien pflegen den Weizen erst im October nach erfolgter Ausgrabung der späten Kartoffelsorten auf dem Kartoffelfelde zu säen, und wer nur im Sommer ihre Weizenfelder besehen wollte, würde gewiss nicht die Spätsaat für ein heilsames Mittel halten.

Was Dr. Haberlandt von der befallenen Septembersaat im botanischen Garten und der verschont gebliebenen Octobersaat auf dem Versuchsfelde mittheilt, kann ganz richtig sein, nur wird die Ursache dessen nicht in der verschiedenen Anbauzeit, sondern vielmehr in anderen unerkannten Umständen, wahrscheinlich darin gelegen haben, dass das Frühjahrswetter dem Eierlegen nicht günstig war. In Galizien ist so mancher Fall beobachtet worden, dass die im Herbste von Chloropseiern freie Saat auch im Frühjahr aus gedachter Ursache unversehrt blieb.

Das Ablegen der Eier durch die Fliegen der Wintergeneration im Frühjahr durch späte Aussaat der Sommerung hindern zu wollen, wäre eben so zwecklos als verderblich, denn man könnte damit höchstens bis gegen Ende Mai

---

*) Wilda und Krocker's landw. Centralblatt 1865 S. 41.

verziehen und da es um diese Zeit an Chloropsfliegen nicht fehlt, so würden sie über die kaum aufgegangene zarte Saat, die ihren Larven eben sehr genehm ist, herfallen.

Wahl der anzubauenden Weizengattung.

Dr. Kühn veröffentlicht *) in dem Wochenbl. d. Annal. 1864 einen ihm vom Herrn v. Aldenhoven über Verwüstungen des Weizens im militscher Kreise in Schlesien übersandten Bericht, worin unter andern angegeben wird: „Ich habe Felder in meiner Nachbarschaft gefunden, die wohl die Hälfte ihres Ertrages durch die Made verloren haben. Namentlich hat der englische Kolbenweizen darunter zu leiden; ich selbst habe 20 Morgen solchen Weizens, der sehr gelitten hat, während mein Blumenweizen nur wenig von der Made heimgesucht ist." In der Schlesischen landw. Zeitung 1864 schreibt ein Berichterstatter: „Der weisse Weizen leidet noch mehr als der gelbe und gebe ich dessen späterer Entwicklung die Schuld;" ferner v. Rosenberg-Lipinski: „Nächst den Witterungsverhältnissen scheinen einige Sorten derselben Pflanzengattung die Ueberhandnahme der Made besonders zu begünstigen, oder vielmehr von der Chloropsfliege vorzugsweise aufgesucht zu werden. So bemerkte man in diesem Jahre ziemlich allgemein, dass dies beim weissen Weizen, bei einigen englischen Sorten und insbesondere beim Sommerweizen der Fall war."

Nach Mittheilungen des Herrn Künstler in den Verhandlungen der zool. bot. Gesellschaft 1867 S. 939 empfiehlt Herr Förster Lippert in Tirol den: „Anbau von Frühgetreide, welches niemals von Chlorops befallen wird, weil bei demselben die Aehren schon aus der Blattscheide hervorgetreten sind, wenn die Fliege ihre Eier legt."

Dr. Cohn schreibt in seinen Untersuchungen über Insectenschäden 1869 S. 15: „Die Verwüstungen werden namentlich in solchen Schlägen mit englischem Weizen, auch weissem Frankensteiner und anderen exquisiten Sorten beklagt, die vom Frost im Frühjahr zurückgeblieben schienen."

Gutsbesitzer Konopka's Beobachtungen im Krakauer Gebiete, sowie die in verschiedenen Gegenden Galiziens gemachten, in mir zugekommenen Berichten mitgetheilten Erfahrungen, die ich 1869 in meinem Aufsatze „Ueber Insectenschäden" verwerthete, stellten fest, dass der rothe Bart- oder begrannte Winterweizen als der derbere und minder empfindliche von Chlorops weniger leide, als alle Abarten des Kolben- oder unbegrannten, insbesondere weissen Weizens, dass ferner aller früh zur Reife gelangende, insbesondere der Banater Weizen fast keinen Angriffen unterliege. In der Herrschaft Dzikow wurden nach einer Mittheilung des Herrn Seeling

---

*) Von Dr. Haberlandt im Centralblatt für die gesammte Landescultur 1864 S. 290 wiedergegeben.

30 Morgen Sandomirer Weizens übel zugerichtet, während die nur durch einen Feldweg getrennten 30 Morgen Banater Weizen unangegriffen blieben. Von dem verschiedenen Grade der Beschädigung habe ich mich selber überzeugt, als ich im Jahre 1870 mehrere Ausflüge zum Behufe der Constatirung mancher Schädlinge, der Beobachtung der Feldschäden und Zweckmässigkeit der von mir 1869 dagegen empfohlenen Mittel machte. Der gesehene Banater Weizen stand unversehrt da. Auf der erzherzoglichen Herrschaft Seybusch, wo ich unter freundlicher Leitung des Wirthschaftsverwalters Herrn Potyka unter anderem mehrere Weizenfluren in Augenschein nahm, zeigte sich der englische Kolbenweizen schrecklich angegriffen, während ein nahes Gewende Bartweizen fast gar keine Spur von Chlorops aufwies. Anderwärts, wo nur Bartweizen angebaut war, liess sich mitunter eine ziemliche Beschädigung wahrnehmen, doch stellte sich auch in solchen Fällen nach gepflogener Rücksprache mit Landwirthen heraus, dass sein Anbau entweder spät oder aber auf mittelmässigen Gründen effectuirt worden ist.

Die obigen Mittheilungen aus verschiedenen Ländern stellen es über allen Zweifel hinaus, dass das Befallenwerden oder Verschontbleiben von der Sorte des Weizens abhängt. Dies gibt dem Landwirth ein sicheres Mittel an die Hand, sich vor Schaden zu bewahren und gleichzeitig auch den Schädling zu bekämpfen. Welcher Weizengattung dieser oder jener Boden entspricht, das wird jeder gebildete Landwirth am besten beurtheilen können und ist es daher überflüssig weitere Worte darüber zu verlieren. Bei gebotener Nothwendigkeit setze man für eine Zeit den Anbau edlerer Sorten aus und nehme fürlieb mit dem Bartweizen, der wenn er auch an Werth und Verwendbarkeit dem unbegrannten Weizen nicht gleichkömmt, dem Landwirthe dennoch einen grösseren Ertrag sichert, als der verwüstete Kolbenweizen. Jene galizischen Landwirthe, welche dies thaten, hatten keinen Grund zur Unzufriedenheit, als sie in ihrer Nachbarschaft die arg gelichteten Fluren des unbegrannten Weizens sahen.

Da Chlorops insbesondere im Sommer- und Winterweizen brütet, so sind auch diese Saaten die Hauptursache ihrer stets wachsenden Vermehrung. Will man daher eine Verminderung des Schädlings herbeiführen, so schmälere man in Gegenden, wo er in bedeutenden Mengen wiederkehrt, seinen Tisch durch:

Aussetzen des Anbaues des Sommerweizens.

Der Sommerweizen soll nach dem Dafürhalten der Agronomen, selbst bei normalen Verhältnissen und keinen Angriffen der Chlorops häufiger missrathen als gerathen. Zudem bieten seine süssen Säfte und zarten Gewebe dem Schädlinge eine sehr zusagende Nahrung, und zwar gewöhnlich zu einer Zeit, in welcher derselbe massenhaft erscheint und seine Brut absetzt. Der Sommerweizen ist es auch, welcher überall, auch dort, wo Winterweizen mit angebaut wird, gewöhnlich am meisten verwüstet wird, so dass öfter nicht einmal der zum Anbau verwendete Same eingebracht wird. In der Schlesischen landw. Zeitung 1864 besagt auch ein Bericht, dass man deswegen den Anbau des Sommerweizens jetzt ganz verwirft. Ich warnte seinerzeit davor galizische Landwirthe, insbesondere in jenen Gegenden, die zu den stark heimgesuchten gehörten. Manche Wirthschaften befolgten den Rath, andere dagegen nicht und diese mussten es mitunter über sich ergehen lassen, dass sie nicht einmal die Anbaukosten einbrachten. Das schlagendste Beispiel arger Verwüstung bot mir 1879 der Sommerweizen auf der gräflich Potocki'schen Herrschaft Łańcut, wo übrigens, nebenbei gesagt, an Weizen- und Roggenähren der Wintersaat auch *Zabrus gibbus* sein Zerstörungswerk trieb. In manchen vom Wetter besonders begünstigten Wirthschaften zeigte sich die Grösse des angerichteten Schadens wohl minder empfindlich, doch waren dies eben nur Ausnahmen von der Regel, ein zufälliges Gelingen des auf ein blindes Ungefähr hin Unternommenen. Ein Gutsbesitzer aus dem Krakauer Gebiete bespöttelte den in Rede stehenden Rath, indem bei ihm der Sommerweizen vortrefflich jahraus jahrein gerathe; es geschieht dies aber blos deshalb, weil auf seinem Gute der Weizenboden, wie mir Herr Seeling mittheilte, von der Güte der Mistbeeterde ist. Aber wie viele Landwirthe befinden sich in einem so glücklichen Falle!

Dr. Kühn machte den Vorschlag: Man vermeide unbedingt den Anbau von Sommerroggen, wenn die Maden im vorhergehenden Herbst bemerkt wurden. Rittergutsbesitzer Rosenberg-Lipinski berichtet in der Schlesischen landw. Zeitung 1864, dass er den Anbau der Banatgerste gänzlich aufgab.

Einschränkung des Anbaues des Winterweizens auf die besten Aecker.

In dieser Hinsicht stellte es sich als vortheilhafter heraus, weniger Winterweizen auf vorzüglichen Gründen, als viel auf minder guten anzubauen. Jene galizischen Landwirthe, welche dieses empfohlene Mittel in Anwendung gebracht haben, versicherten mich, dass sie sich hiedurch vor Schaden schützten. Bei richtig gewählter Weizengattung beschränkten sie deren Aussaat auf die fruchtbarsten Gründe, bewerkstelligten dieselbe thunlichst zeitig, und wiewohl sie im Frühjahr die zu üppige Saat ein bis dreimal schröpfen liessen, wobei viele Chloropseier oder Larven zu Grunde gegangen sein mögen, fiel dennoch die Ernte zu ihrer vollen Zufriedenheit aus. Die durch Einschränkung erübrigten Weizenfelder bebauten sie mit Roggen und die Praxis lehrte, dass der Ertrag im Korn und Stroh, wenn auch verhältnissmässig etwas kleiner, so doch ein sicherer war, als dort, wo man den Weizenbau forcirte und der Chlorops den Tisch deckte.

In manchen Gegenden mit nassen und daher kühleren, sowie minder fruchtbaren Gründen mussten Landwirthe wegen der alles Mass übersteigenden Verwüstungen den Anbau des Sommer- und Winterweizens einstellen. Warum also es auf dieses Muss ankommen lassen? wozu säen, wenn man die arg gelichtete Saat abzumähen und grün zu verfüttern oder zu Heu zu machen bemüssigt ist, wie dies aus vielen Gegenden verschiedener Länder berichtet wird? Uebrigens thut noch gescheidt Derjenige, welcher die

Aufopferung der stark heimgesuchten Saat

nicht scheut und damit auch den Schädling vernichtet. Doch nicht alle Landwirthe thun dies. Die meisten lassen das Getreide in Anhoffnung seiner Erholung stehen und erleichtern nur hiedurch, zum eigenen und Anderer Unheile, dem Schädling seine Vermehrung. Angegriffene Halme können sich, wie ich schon einmal erwähnte, ihres Feindes nur dann entledigen, wenn ihnen zur Zeit des Eindrehens der Aehrenhülle warme Witterung und Regen verhelfen, ihre eingekerkerten Aehren zum Ausschiessen gelangen zu lassen. Ist dies nicht geschehen, so bleibt der Schädling ihrer Meister, sie werden sich nicht mehr erholen und sollen abgemäht werden, bevor die Larven ihre Verwandlung in Puppen und Fliegen durchgemacht haben.

Die im obigen besprochenen Vorbauungsmittel versprechen sichere Vortheile in der Bekämpfung der Chlorops und haben anbei das Gute, dass sie die Thätigkeit der Landwirthe am wenigsten in Anspruch nehmen. Wo aber und welche von ihnen, einzeln oder in Combination, hauptsächlich anzuwenden wären, dies hängt von localen Verhältnissen ab, nach denen sich der kundige Landwirth richten soll. Die grosse Verschiedenheit der Qualität der Aecker und ihrer Lage, die Ungleichartigkeit klimatischer Verhältnisse, der umfassendere oder beschränktere Anbau gewisser Culturpflanzen, die damit zusammenhängende übermässige oder erträgliche Vermehrung des Schädlings und dgl., machen einen allgemein giltigen Rath unmöglich, und es muss daher dem Einzelnen vorbehalten bleiben, unter umsichtiger Würdigung der obwaltenden Umstände die geeignetsten Massregeln in Anwendung zu bringen. Ein gewisses Mittel kann sich für eine bestimmte Gegend heilsam zeigen, anderwärts aber überflüssig sein, oder angewendet, sei es wegen unzweckmässiger Ausführung, sei es wegen Eintrittes unvorhergesehener Umstände, trügen, in welchem Falle aber es nicht recht gehandelt wäre, wenn man seine Wirksamkeit anzweifeln und zu seiner Anwendung sich und Anderen die Lust benehmen würde.

Will man jedoch ferneren, zur Landplage werdenden Verwüstungen des Weizens vorbeugen, so thut eine

Allgemeine Anwendung bewährter Mittel

und deren ebenso consequente wie energische Durchführung in allen mit Weizencultur beschäftigten Gegenden Noth. Kein Landwirth dürfte sich in eigenem und Anderer Interesse dieser eisernen Nothwendigkeit entziehen, da eine particille

Ankämpfung gegen Chlorops, wie alle anderen Schädlinge für Einzelne eventuell noch schädlicher werden könnte, als gar keine. So z. B. nehmen wir an, dass die Grundherrschaft den Weizenanbau zeitweilig einschränkte, die Gemeinde dagegen nicht. In solchem Falle könnte Chlorops den Gemeindeweizen desto massenhafter befallen und ihn total vernichten, würde sich in demselben in Menge forterhalten und fortpflanzen, und wenn die Grundherrschaft wieder Weizen unter lässiger Beachtung der Schutzmittel anbaute, diesen arg verwüsten. Auch der umgekehrte Fall oder ein ähnlicher zwischen Nachbarn könnte eintreten, und so oder so würde dem Uebel nicht gesteuert werden, die particile Anwendung der Mittel müsste mit bitterer Enttäuschung und allgemeinem Missvergnügen endigen. Darauf darf man es nicht ankommen lassen; die um das allgemeine Wohl besorgten Landwirthe oder landwirthschaftlichen Gesellschaften müssen sich hierum kümmern und eventuell auf die Erlassung eines bezüglichen Gesetzes und dessen Execution bei dem Ackerbau-Ministerium anstreben.

Erörterung anderweitiger Mittel.

Zuthun der Witterungsverhältnisse.

Wie diese, nach den trefflichen Erörterungen v. Rosenberg-Lipinsky's[*], wesentlich zur Vermehrung der *Chlorops taeniopus* beitragen, so bewirken sie auch deren Verminderung. Eine rauhe Zeit verhindert die Fliegen am Eierlegen im Frühjahr und Herbste, warme Witterung und Regen zur Zeit des Schossens des Getreides verhilft befallenen Halmen ihre gewaltsam zurückgehaltenen obersten Halmglieder zu Tage zu fördern und dadurch sich des Schädlings zu entledigen. Es liegt wohl nicht in der Landwirthe Macht, eine für die Felder der Einzelnen erwünschte Witterung herbeizuführen und die ungünstige hintanzuhalten, wohl aber vermögen und sollen sie den möglichen üblen Folgen der letzteren durch rationelle Wirthschaft entgegenarbeiten. Das Sichverlassen auf das blosse Zuthun unentgeltlicher Naturkräfte ist bedenklich, wie dies zweifelsohne schon mancher Landwirth, welcher in seiner Behäbigkeit die Sorge um Alles der Mutter Natur und dem lieben Herr Gott überlässt, in Erfahrung gebracht hat. Fröste können den in ihrer winterlichen Lagerstätte im Herzen des Schosses gut geborgenen Larven nichts anhaben, sie möchten sich denn etwa bis zu einem Grade steigern, der die Auswinterung der Saat nach sich ziehen würde. Der strenge Winter von 1869—70 und noch strengere und anhaltendere 1870—71 tödtete die Larven durchaus nicht; sie überwinterten, wenigstens im Krakauschen, im besten Wohlsein. Ein schwacher Trost das für jene Landwirthe, welche ihre Hoffnungen der Erlösung vom Feinde in die Winterkälte setzen!

---

[*]) Schlesische landw. Zeitung 1864; Wilda und Krocker's Centralblatt 1865 S. 39.

Fröste im Frühjahr nach erwachter Vegetation verursachen nur eine den Maden genehme Stockung des Wachsthums der Saat, ihnen selbst bringen sie keinen Schaden.

Zuthun der natürlichen Chloropsfeinde.

Zur Verminderung der *Chlorops taeniopus* sind in erster Linie einige kleine Schlupfwespen (Ichneumoniden) thätig, indem sie die verborgenen Chloropsmaden aufsuchen und in dieselben ihre Brut absetzen, welche den Schädling in beiden Generationen gleichsam im Keime vernichtet. Hiedurch werden sie Freunde und Wohlthäter des Landwirthes und verdienen es im vollen Masse, dass er sie kennen lerne und zum eigenen oder Anderer Vortheile ja nicht umbringe, da es um ein nützliches getödtetes Thier immer und überall Schade ist. Wie die anmuthigen Meisen durch rastlose Thätigkeit die Bäume von Eiern schädlicher Insecten reinigen, was der Mensch fast gar nicht auszuführen im

---

*) Eine umfassende, sorgfältige Zusammenstellung der natürlichen Feinde schädlicher Insecten hat Karl Russ (Schles. landw. Ztg. 1864 Nr. 41 u. 42; Wilda und Krocker's Centralblatt 1864 Decemberheft) geboten: „Eine genaue Beobachtung der Schlupfwespen (Ichneumonidae) ist ihrer Kleinheit wegen ausserordentlich schwierig und mühselig; dennoch ist sie, bei einiger Geduld, Sorgsamkeit und Liebe zur Sache wohl ausführbar. Der einzig sichere Weg hierzu, der auch die Naturforscher stets allein zu dem richtigen Ziele ihrer gründlichen Erkenntniss führt, ist Einsammeln und Erziehen derselben aus den Eiern und Larven. Auch den Besitzern der verheerten Weizenfelder möchten wir dies recht dringend anrathen — denn nach dem Vorbilde des Verfahrens der Forstwirthe beim Raupenfrass, dürften auch die Landwirthe sich selbst den sichersten Beweis dafür liefern können, ob der arge Feind im nächsten Jahre wieder kommen wird oder nicht —! Nach der vortrefflichen Anleitung Ratzeburg's sammeln nämlich die Forstwirthe bei bedeutend erscheinenden Raupenverheerungen eine grosse Anzahl von Raupen und Puppen ein und bewahren dieselben in verschlossenen Gläsern sorgfältig auf — um die aus denselben sich entwickelnden Schlupfwespen zu zählen. Zeigen sich dann nur 15 bis 25 Prozent der Raupen von den Schmarotzern befallen, so ist fürs nächste Jahr immerhin eine Fortsetzung des Raupenschadens zu erwarten, während derselbe nach den sichersten Erfahrungen als bestimmt beseitigt betrachtet werden darf, sobald nur 25 bis 30 Stück der Raupen vom Hundert Schlupfwespeneier enthalten. Man ist dann sogar so sicher, dass man das Raupensammeln völlig einstellt und fest darauf baut, der Wald werde sich ganz von selbst reinigen. — **Warum soll dasselbe nicht auch bei den Weizenfeldern der Fall sein?!** Immerhin dürfte es sich der Mühe verlohnen, den Versuch zu unternehmen. Man möge nun im Spätherbst, Frühjahr oder noch später, kurz vor dem Ausschlüpfen die Larven oder Puppen (aus dem beschädigten Getreide) einsammeln, immer wolle man die daraus entwickelten vollkommenen Insecten sorgsam beobachten. Der sichere Unterschied zwischen der schädlichen Fliege und Mücke einerseits und der nützlichen Schlupfwespe andererseits ist auf den ersten Blick zu erkennen: Die ersteren beiden haben nur zwei Flügel, während die letztere deren vier besitzt. Hiernach wolle man nun beide zählen — und nach den Prozenten der eingesammelten, eben so wie die Forstwirthe, die der kommenden berechnen."

Stande wäre, ebenso vertreten ihn die Ichneumoniden im Vertilgen der Chloropslarven.

Naturhistorisch gebildete Landwirthe wissen um den besagten Gang der Dinge in der Natur. Doch ist dabei zu bedauern, dass sie mitunter auf das Zuthun der Schlupfwespen, wie andere auf Witterungsverhältnisse, eben zu viel bauen und ihnen allein die Herstellung des Gleichgewichtes überlassen möchten. Dies wäre freilich eine bequeme Sache, erwägt man aber, dass bei der jetzigen endlosen Vermehrung der Chlorops die Thätigkeit der Schlupfwespen, so erspriesslich sie auch sei, keineswegs eine Verminderung des Schädlings herbeiführen könne, so ist es klar, dass im Interesse des allgemeinen Wohles diejenigen Landwirthe heilsamer verfahren, welche gegen den Schädling einen directen Kampf aufnehmen und diesen auch siegreich zu bestehen bestrebt sind.

Dass auch manche Vögel Chloropsfliegen als gute Beute betrachten, nimmt Herr Künstler (l. c.) als sicher an. Gutsbesitzer Konopka liess auf Chloropsfliegen zur Zeit des Eierlegens im Frühjahre 1870 Jagd machen und es wurde dabei eine Masse allerlei Gethiers eingefangen. Den Haupttheil bildeten Chloropse, Coccinellen und die Wanze *Miris dolabrata*, welche sich schon vom März an auf Saatfeldern herumtreibt. Eine Partie der Gefangenen versetzte er in ein Glas und als er dieselben Tags darauf besichtigte, bemerkte er zu seinem Erstaunen eine schreckliche Niederlage unter den Chloropsen, die theils von Miris ausgesogen, theils wie es scheint von den Coccinellen aufgezehrt worden waren. Der eifrige Beobachter ging darauf ins Feld und sah hier, wie die genannte Wanze auf Chloropsfliegen fahndete und die herankommenden mit dem Rüssel auffing. Nachdem er sie so als einen Verbündeten des Landwirths kennen gelernt hat, sorgte er dafür, dass die bei der erwähnten Jagd eingefangenen Wanzen und Coccinellen in Getreidefeldern freigelassen wurden. Nachträgliche Beobachtungen liessen Gutsbesitzer Konopka erkennen, dass in seinem heimgesuchten Getreide zahllose Mengen der Coccinellen und *Miris dolabratus* vorhanden waren. Von grosser Häufigkeit der Coccinellen im von Chlorops befallenen Getreide in der Sandecer Gegend berichtete auch Herr Oberförster Firganek. Also hat Chlorops ausser Ichneumoniden auch noch in anderen Insecten arge Feinde die der Landwirth schonen möge.

Abmähen, Schröpfen, Abweiden, Walzen der Saaten [*].

Alles dieses wurde zur Vertilgung der Chloropseier empfohlen, doch hat es damit in der Praxis seine mancherlei gewichtigen Bedenken.

Das Abmähen der Saat mit noch nicht angesetzten Aehren könnte nur zur Vertilgung der schon abgesetzten Chloropsbrut führen, sie aber keineswegs vor weiteren Angriffen bewahren, da Chloropsfliegen nicht auf einmal erscheinen, und die sich später entwickelnden von anderwärts herbeifliegen und ihre

---

[*] Wilda und Krocker's landw. Centralblatt 1865 S. 37.

Eier auf den nachgewachsenen Weizen absetzen könnten. Mit Rücksicht darauf und noch mehr auf den Umstand, dass der durch Abmähen geschwächte Weizen für den Schädling eine sehr willkommene Beute wäre, rathen sachverständige Agronomen von dessen Anwendung eindringlichst ab.

Ingleichen kann das als Mittel gegen das Lagern der Saat angewendete Schröpfen die Entwicklung der Larven nicht hindern, indem die Blätter, in welchen die Eier abgesetzt sind, zur Schröpfezeit von der Sichel grossentheils nicht mehr erreicht werden. Es berichteten auch aus Galizien einige Landwirthe, dass die Anwendung dieses Mittels ihren Weizen vor Verwüstung nicht geschützt hat. Andere erzählten mir wieder, dass sie 1870 über meinen Rath den Weizenanbau auf kräftige Gründe eingeschränkt haben, die zu üppige Saat ein bis drei mal schröpfen lassen mussten und sich einer ergiebigen Ernte erfreuten. Nun, das war für sie ein eben glücklicher Ausgang der Dinge, denn dass das Blatt auch sich hätte wenden können, davon zeugt der nachstehende Passus eines schon weiter oben angezogenen Berichtes der Schlesischen landw. Zeitung 1864: „Der weisse Weizen leidet noch mehr als der gelbe und gebe ich dessen späterer Entwicklung allein die Schuld, denn je näher wir dem Gebirge kommen, wo die Vegetation also mehr zurück ist, desto grösser auch die Verheerung. Darum auch meine Behauptung, dass die Felder, die geschröpft wurden, wo also absichtlich die Vegetation verspätet wurde, desshalb so viel mehr gelitten haben." Daselbst schreibt auch v. Rosenberg-Lipinski, „dass die verspäteten Sorten und der im Frühjahr abgehütete oder stark geschröpfte Weizen der bezüglichen Beschädigung vorzugsweise unterliegt." — Im L'année scientifique 1869 S. 377 wird Kohlenasche als Düngmittel sehr empfohlen. Nach Ansicht Gutbesitzer Konopka's erzeugt sie Kieselsäure und bewirkt eine festere Consistenz der Strohtheile und härtere Structur der Gewebe, was einerseits Chloropslarven nicht lieben, andererseits die Saat vor dem Lagern schützt und ihr Schröpfen überflüssig macht. Seine Bestreuungsversuche mit Kohlenasche blieben nicht ohne Erfolg, wenn sie auch das Eierlegen durch Chlorops nicht hintangehalten haben. Eine andere Massregel gegen das Lagern der Saat liegt nach einer gefälligen Mittheilung Herrn Seeling's darin: „Richte das Saatquantum zur Ackerkraft ein, so wirst du kein Lagergetreide haben."

Vom Beweiden der Wintersaat ist auch keine Abhilfe zu erwarten. Es hätte ebenfalls nur etwa die Ertödtung der abgesetzten Eier zur Folge, einen weiteren Nutzen aber brächte es nicht, da Chlorops wie schon mehrfach bemerkt wurde, ausser im Getreide auch in Gräsern nistet, und die Fliegen der Wintergeneration von daher im Frühjahr über Saaten herfallen und sie mit Eiern beschenken können. Uebrigens liess ich mir sagen, dass durch Zertreten der Saat, insbesondere aber die vielen Fusseindrücke, in denen sich Wasser sammelt und Nässe erzeugt wird, ein grösserer Schade entstehen würde, als der ist, welchen die Wintergeneration der Chlorops dem Landwirthe beibringen könnte.

Eine Vertilgung der Larven der Wintergeneration kann weder durch Abmähen noch durch Beweiden erzielt werden, da sie meist tief über dem Wurzelhalse sitzend weder von der Sense oder Sichel noch vom weidenden Vieh erreicht werden können. Auch das Walzen dürfte ihnen kaum verderblich sein. Aus diesen Bemerkungen, sowie aus den weiter oben dargelegten Vortheilen einer Frühsaat geht hervor, dass die vom Herrn Künstler l. c. angerathene „Aufnahme des Kampfes vorzugsweise gegen die Herbstgeneration der Chlorops" keine zureichenden Erfolge in Aussicht stellt. Herr Künstler stützte sich zunächst auf die begründeten Mittheilungen Dr. Haberlandt's, dass der Landwirth in der Spätsaat ein sicheres Mittel in seiner Hand habe, das Ablegen der Eier durch die Wintergeneration zu verhindern, und fügt selber hinzu, dass „rücksichtlich der Frühjahrsgeneration, bei welcher das Ablegen der Eier auf die Getreidepflanzen nicht gehindert werden kann, es schwierig ist, den Verheerungen des Insectes entgegenzuwirken." Letztere Ansicht kann gegenüber den von anderer Seite empfohlenen, gegen Chloropsangriffe sichernden Culturmassregeln nicht Stand halten.

Beseitigung angegriffener Halme vor dem Zeitpunkte des Ausschlüpfens der Fliege.

Dieses nach Herrn Künstler l. c.) vom Herrn Förster Lippert in Tirol zuerst empfohlene Mittel würde zweifelsohne zur Vertilgung zahlloser Chloropslarven oder Puppen dienen, dem massenhaften Wiedererscheinen der Fliegen und ihrer Weiterverbreitung vorbeugen. Man erwäge nur, dass durch Tödtung einer weiblichen Raupe oder Puppe ein Weibchen zu Grunde ginge, deren Brut zum mindesten 200 Halme vernichten würde. Wären darunter wieder etwa 100 Weibchen, so würde deren Brut schon an 20000, die dritte Generation an 2,000000 Halme zerstören u. s. f.

In Gegenden, in denen sich Chlorops unzählig vermehrt hat und den Weizen übermässig heimsucht, wäre freilich das Herauslesen aller befallenen Halme aus einem grossen Weizenschlage ebenso langwierig wie kostspielig, ja vielleicht auch nicht durchgehends durchführbar, wie Herr Künstler richtig bemerkt, doch wenn ein Nutzen für die Zukunft erreicht werden soll, so ermangele man nicht, wenigstens das zu thun, was sich thun lässt. Lieber etwas, als gar nichts, je eher, desto besser. Man vergleiche den Nutzen aus dieser Arbeit mit dem voraussichtlichen Verluste, welchen Zahlung der Arbeiter und Zertreten des gesunden Getreides verursachen würde, und wenn das Missverhältniss kein zu grosses ist, so stehe man nicht an, der Bekämpfung des Feindes ein Opfer zu bringen, welches sich lohnen müsste.

Wohl bleibt das Hinwirken auf eine möglichst frühzeitige, gleichzeitige und kräftige Bestockung des Getreides das vorzüglichste, aller anderen Thätigkeit überhebende Schutzmittel gegen Chlorops, doch dürften nicht alle Landwirthe in der glücklichen Lage sein, es dahin bringen zu können, denn der eine hat mit magerem Boden zu kämpfen und vermag ihm öfter bei sorgsamster Bestellung keine kräftig gedeihenden Saaten zu entlocken; dem anderen macht wieder die Witterung oder Mangel an Arbeitskraft einen Strich durch die Rechnung und lässt ihn beim besten Willen die Aussaat nicht rechtzeitig ausführen; die Saaten des Dritten leiden durch Frühjahrsfröste u. dgl. In solchen Fällen trachte man dem Schädling durch andere mögliche Mittel scharf an den Leib zu rücken, z. B. durch die eben in Rede stehende Entfernung beschädigter Halme.

Es frägt sich, gegen welche Generation der Larven hiedurch zu kämpfen wäre? Ich habe schon oben dargelegt, es lasse sich nichts rechtes gegen die Wintergeneration unternehmen, und auch die Beseitigung befallener Schosse könnte im Grossen kaum durchgeführt werden. Denn erstlich sind sie im Herbste von den gesunden kaum zu unterscheiden und da lässt sich mit ihnen auch nichts vornehmen. Im Frühjahr machen sie sich durch ihre Verdickung wohl bemerkbarer, immerhin aber verlangt ihr Erkennen eine gewisse Uebung und ihr Aufsuchen viele Geduld, die man bei den zu verwendenden Arbeitern kaum finde. Die Arbeit liesse sich übrigens nicht ohne Zertreten vielen Getreides ausführen. Ob das Umackern der ganzen Herbstsaat*) auf stark heimgesuchten Feldern zur Vertilgung des vorhandenen Ungeziefers und Vorbeugung der Verheerungen seiner zweiten Brut im Frühjahr in manchen Fällen gerathen wäre, muss dem Gutdünken des Landwirths überlassen bleiben.

Ein jedenfalls leichteres Spiel hätte der Landwirth mit der Sommergeneration, weil Jedermann die durch sie deformirten Getreidehalme leicht wahrnehmen kann und ein Arbeiter zu deren Unterscheidung von den gesunden nicht erst eingeübt zu werden brauchte. Durch Vertilgung der Sommergeneration würde übrigens auch die Wintergeneration mitbekämpft werden.

In welcher Weise wären angegriffene Halme zu beseitigen? Das Jäten derselben wäre unzweckmässig, weil mit ihnen auch gesunde Halme aus der Erde gerissen würden. Durch ihr Ausschneiden könnte man sich im Stroh und Korn einen Verlust beibringen, welcher den durch Chlorops angerichteten Schaden vielleicht überstiege. Am gerathensten wäre es daher, wenn im Mai oder Juni, sobald nur sich deformirende Halme gut bemerkbar werden, ihre sich über der Aehrenspitze eindrehenden Aehrenhüllen abgezwickt würden, damit das oberste Halmglied hervortreten könne und hierdurch der Schädling entblösst werde und von selbst zu Grunde gehe. Letztere Methode wendeten die westgalizischen Gutsbesitzer Herr Tański und Grudziński, wohl nur probeweise auf einem kleinen Acker, doch mit gutem Erfolge an, indem die Aehren ausschossten und gute Körner getragen haben. Ich selbst war einmal auf einem stark heimgesuchten Weizenschlage und konnte gemächlich in einer Stunde an 900 Halme operiren, deren Aehren später ausschossten. Man erwäge nun, wenn ein Arbeiter täglich durch 10 Stunden, wenn mehrere Arbeiter durch einige Tage damit beschäftigt würden, welche furchtbare Niederlage das Schädlingsheer hierdurch erleiden müsste, zumal, wenn es allerorts thatkräftig

---
*) Wilda und Krocker's landw. Centralblatt 1865 S. 37.

angegriffen würde. „In Ortschaften, oder an Stellen der Felder, wo mehr befallene als gesunde Halme vorhanden sind," schreibt Prof. Dr. Stein in der Prager Zeitung vom 5. Juli 1869, „wird es gerathen sein, den Weizen grün schneiden und verfüttern zu lassen", oder zu Heu zu machen, könnte man nach einem Berichte in der Schles. landw. Ztg. hinzufügen.

Gelänge es bei Anwendung dieser oder jener Mittel das Gros der Chloropsfliegen zu vermindern, oder erfolgte dies ohne Zuthun des Menschen auf natürlichem Wege, dann sollten Landwirthe die rechtzeitige Beseitigung der befallenen Halme fürsorglich jahraus jahrein vornehmen, um hiedurch eine neuerliche übermässige Vermehrung des Schädlings zu erschweren. Diese Vorsicht ist dringend geboten, denn es gehört *Chlorops taeniopus* zu jenen getreideschädlichen Insecten, welche periodisch und zwar in nicht langen Zeiträumen wiederkehren, wie dies z. B. in Schlesien schon constatirt worden ist. Anscheinend verbreitet sie sich auch weiter von Gegenden, in denen sie zahlreich entstanden, wie dies auch mit anderen Insecten der Fall ist, z. B. in Galizien mit *Zabrus gibbus* und *Thamnus sexnotatus*, welche anfänglich in je einer Gegend sich zeigten, und derzeit schon in mehreren Kreisen grassiren, weil man deren Vermehrung keine Schranken gesetzt hat.

Vertilgung aller vom Samenausfall beim Ernten erwachsenen Pflanzen,

welche in der Regel reich mit Maden besetzt sind. Dieses Mittel bringt Dr. Kühn in der Neuen landwirthsch. Zeitung 1864 zur Sprache und empfiehlt dessen Ausfülung bis Ende August, sobald Klee untergesäet wurde. Wo dagegen nicht Klee unter das Getreide gesäet wurde und die Stoppel also im Herbste zum Umbruch kommt, da lasse man die aus ausgefallenen Körnern erwachsenen Pflanzen bis Mitte September ungestört, so weit dies wegen etwaigen Bedarfes an Stoppelweide zulässig ist. Hier dienen diese Pflanzen als treffliche Köder, die reichlich mit Eiern besetzt werden. Pflügt man dann im Herbste unter Anwendung des Schälseches um und bestellt im Frühjahr auf die Herbstfurche, so kommen die Larven unter eine so starke Bodenschichte zu liegen, dass die zarten Mücken und Fliegen sich bei ihrer Entwicklung nicht hindurcharbeiten können und somit umkommen." Auch Dr. Gallus empfiehlt in den Preuss. Annalen der Landw. Nr. 19 das Vertilgen des Gerstennachwuchses, überhaupt aller im Spätherbste unnütz umherstehenden Grashalme auf Rainen, an Wegen u. s. w.

Abfangen [*] der Chloropsfliegen zur Zeit des Eierlegens im Frühjahr und Herbste.

Damit haben in Galizien zwei thätige Landwirthe im Frühjahr 1870 absichtliche Versuche gemacht. Dr. Alth bediente sich hiezu eines mit Theer

---

[*] Wilda und Krocker's landw. Centralblatt 1865 theilt mit, dass man gegen die Weizen-Gallmücken das Einfangen derselben in ganz feinen Flo-

bestrichenen Brettes, wie solches gegen Erdflöhe und den Rapsglanzkäfer hier und da angewendet wird. Auf zwei Rädchen befestigt wurde es über Weizenfelder hin und her gefahren, wobei von den aufgescheuchten und aufgeflogenen Chloropsen eine Menge am Brette kleben blieben. Nehmen wir an, dass durch diese Massregel Tausende vertilgter Weibchen am Eierlegen gehindert wurden, so sind dadurch Millionen Halme vor Beschädigung gerettet worden. Freilich fanden bei dieser Art Jagd auch viele unschuldige, ja nützliche Insecten ihren Untergang, doch leider mitgefangen, mitgehangen!

Gutsbesitzer Konopka liess am 21. Mai 1870 die Fliegen mit gewöhnlichen Insectennetzen einfangen. Zehn Knaben gingen in den Furchen eines 45 Morgen haltenden Weizenfeldes auf und ab, streiften mit den Netzen über die Saat und schüttelten das Erbeutete in einen Sack. So oft sie auf bereits abgefangene Stellen zurückkehrten, fanden sich wieder zahlreiche Chloropsfliegen ein, als ob ihre Schaaren nachgeflogen wären. Nach mehrstündiger Jagd wurden an 8 Garnetz allerlei Gethiers eingefangen, darunter am meisten Chloropse, Coccinellen und die Wanze *Miris dolabratus*, von welchen letzteren als angeblichen Feinden der Chlorops schon oben (S. 47) die Rede war. Der Weizen zeigte später eine geringe Beschädigung, und wenn man dies auch nicht als eine Folge der abgefangenen Chloropse ansehen wollte, indem andere später herbeigeflogen sein konnten, so muss man doch zugeben, dass durch Vertilgung von Hunderttausenden Weibchen Millionen Halme der Vernichtung entzogen worden sind.

Die zur rechten Zeit in Feldern unternommene Chloropsjagd ist also folgewichtig. Wer sie indessen unternimmt, der sollte das Leben nützlicher Insecten möglichst schonen. Dies lässt sich leicht erreichen, wenn man das in einen Sack geschüttelte eingefangene Gethier z. B. mit Benzin schwach betäubt, dann die nützlichen Insecten herausliest und die zu sich gekommenen davonfliegen lässt.

Ausserdem wäre es rathsam auch anderwärts nach dem Schädling zu fahnden. Die vor der Ernte ausfallende Sommergeneration verlässt ihre Brutstätte und scheint sich zahlreich auf Wiesen, Rasenplätzen u. dgl. zu sammeln, oder aber sucht sie Nahrung auf blühenden Pflanzen, nach Angaben Gutsbesitzers Konopka und Prof. Dr. Stein insbesondere auf *Heracleum sphondylium*. Werden daher die Fliegen auf Wiesen betroffen, oder halten sie im Spätsommer und Herbste an den Blüthen der Umbellaten ihr geselliges Mahl, so könne sie hier ohne Mühe eingefangen und getödtet werden. Um ihnen übrigens die Ernährung zu erschweren, empfiehlt Gutsbesitzer Konopka l. c.) die Ausrottung der Doldenpflanzen, die ohnehin als Viehfutter wenig taugen. Wäre es nicht angezeigt, hie und da Umbellaten zur Anlockung der Chloropsfliegen stehen zu lassen?

Die Beobachtung Gutsbesitzers Konopka, dass *Chlorops ornata* und einige andere Chloropinen im Frühjahr in seinem Garten über Nacht Schutz im Strohgennetzen oder grosse, zur Nachtzeit entzündete Fackeln empfohlen hat, denen sie in unendlichen Massen zufliegen sollen.

suchten, brachte ihn auf den Gedanken, **Strohbündel als Köder zur Herbeilockung der Fliegen** auszustellen und diese Nachts zu verbrennen. Er übte diese Fangmethode auch in Weizen- und Roggenfluren gegen *Chlorops taeniopus* zur Zeit des Eierlegens, gab sie jedoch auf, als er mit ihrer Hilfe keine besonders erspriesslichen Resultate erzweckte.

Anderweitige Mittel.

Das von mehreren Seiten empfohlene **Bespritzen mit Petroleum** führte den Gutsbesitzer Konopka, der damit am 20. Mai 1870 einen Versuch anstellte, zu keinem besonderen Resultate. Die Fliegen wurden nur zeitweilig abgehalten, bis sich der Geruch verflogen hatte, dann kamen sie wieder. Die bespritzten Pflanzen wurden theilweise gelb, ohne jedoch schliesslich einen Schaden genommen zu haben. Das Pfund Petroleum wurde mit einer Kanne Wasser gemischt. Ob und in wie weit das Bespritzen mit **anderen stark riechenden Stoffen**, z. B. Theer, einem Absude aus Rübenblättern u. dgl., die Fliegen verscheuchen würde, bleibt zu erproben; von nachhaltiger Folge dürfte es kaum sein.

Im Journal d'Agriculture par Barral wird das Räuchern mit Schwefel in Weinbergen gegen Eumolpus als wirksam dargestellt. Wer Gelegenheit hat, möge immerhin den Versuch unternehmen, in wie fern **Beräucherungen der Saaten** mit viel widerlichen Rauch gebenden Stoffen die Chloropsweibchen zur Zeit des Eierlegens vom Felde abhalten °), oder das **Bestreuen mit getheerten Spänen** sie vertreiben würde, und ob der dadurch erzielte Nutzen die verwendete Arbeit aufwiegen wird; meines Erachtens würde mit dem blossen Vertreiben der Fliegen wenig gewonnen werden. Ueber das vom Herrn Pelouze in Frankreich gegen Erdflöhe angewendete **Naphthalin**, sowie über die Versuche, welche der schweizerische Prof. Ducrest in Porentruit mit dem Ammoniakgas zur Vertilgung der Insecten anstellte, berichtet Fignier in L'année scientifique 1869; ob diese Mittel irgendwie gegen Chlorops wirksam sein könnten, müsste erst ermittelt werden. Das **Bestreuen der Saat mit gepulvertem Kalke** zur Zeit, „wenn eben die Aehren aus ihren Scheiden sich erheben," heisst es in Wilda und Krocker's landw. Centralblatt 1865, S. 38, „soll mit einigem Erfolge versucht sein". Auf Chloropseier angewendet, könnte sie wohl der Kalk durch seine kaustischen Eigenschaften ertödten, sollte man aber Eier zu diesem Zwecke erst aufsuchen, so wäre es ja angezeigter, sie mit Fingern zu zerdrücken. Auf der gräflich Potocki'schen Herrschaft Łańcut wurden Saat und Boden gegen *Zabrus gibbus* versuchsweise mit Kalk bestreut, doch liess sich der Käfer weder im Ausfressen der Aehren stören, noch vom Boden verscheuchen, nahm keine Notiz von dem gegen ihn gerichteten Schutzmittel. Auf

---
°) Nach Wilda und Krocker's landw. Centralblatt 1865 S. 38 waren solche Versuche von einigem Erfolge begleitet.

der gräfl. Branicki'schen Herrschaft Sucha bestreute man mit Kalk Rapspflanzen gegen die Raupen der *Athalia spinacum*, erzielte aber kein Resultat; dagegen soll dies Mittel, nach Behauptung eines Berichterstatters, gegen *Thamnus secnototus* auf Hafer von günstigem Erfolge begleitet gewesen sein. Die Schlageintheilung kann gegen die sich heruntreibenden Chlorops von keiner Wirkung sein; das Einweichen des anzubauenden Samens in verschiedenen Substanzen als Vorbauungsmittel gegen Chlorops hat offenbar keinen Sinn.

———

Dr. Haberlandt schreibt im Centralblatt für die gesammte Landescultur 1865 S. 58, er möchte aus dem Entwicklungsgang der *Chlorops strigula* ?!) „als sicher annehmen, dass in Betreff ihrer Vertilgung das tiefe Stürzen der Stoppeln noch mehr aber das Abbrennen derselben gleich nach der Ernte von gutem Erfolg begleitet sein müsste". Hinsichtlich dieser Annahme schreibt Herr Künstler in den Verhandl. der zool. bot. Gesellschaft 1867 S. 950: „Dagegen möchte ich bemerken, dass dieses Mittel, welches gegen die Hessenfliege *Cecidomyia destructor* Say) allerdings vorzügliche Dienste leistet und auch in anderer Beziehung zu empfehlen ist, gegen Chlorops kaum von Nutzen wäre, denn die Puppe der Chlorops liegt stets ganz oben über dem obersten Knoten und ist daher gar nicht mehr in den Stoppeln vorhanden." Wie Herrn Künstler wollte es auch mir nicht eingehen, wie Dr. Haberlandt aus der beobachteten und geschilderten Lebensweise seiner *Chlorops strigula* (?!) diesen Rath gegen ihre Sommergeneration ableiten konnte und was letztere mit den Stoppeln zu thun hat. Ich theilte daher Dr. Haberlandt meinen Zweifel hierüber mit und erhielt von ihm nachstehende gütige Aufklärung: „Bekanntlich erscheinen die Fliegen von *Chlorops strigula* zweimal im Jahr. Im Frühjahr legen sie die Eier an die Sommersaaten; die Larven dieser ersten Generation entwickeln sich zu vollständigen Puppen schon vor dem Eintritt der Ernte und die Fliegen erscheinen zur Begründung der zweiten Generation erst geraume Zeit nach der Ernte, in Ungarisch-Altenburg, wo die Ernte in den Juli fiel, erst im August und September. Da wundert es mich nun, dass Sie die Massnahme wegen des tiefen Stürzens der Stoppeln oder des Abbrennens derselben unbegreiflich finden." Aus dieser gütigen Mittheilung kann ich keinen anderen Schluss ziehen, als dass Dr. Haberlandt die vor der Ernte ausgeschlüpften Fliegen übersehen hat und die von ihm im August und September beobachteten einer vielleicht schon neuen, aus jenen hervorgegangenen Generation angehört haben möchten. Ueberall in Europa schlüpfen die Chloropsfliegen vor der Ernte aus, daher es unwahrscheinlich ist, dass sie sich um Ungarisch-Altenburg im Puppenzustande mit dem Weizen einernten lassen, erst in Mandeln oder Scheunen entwickeln und von da auf Stoppelfelder fliegen sollten, wo sie nichts zu suchen haben. Ob Dr. Haberlandt die Fliegen auf Stoppelfeldern beobachtete, davon macht er keine Erwähnung. Wäre dies aber auch der Fall, so kann Dr. Haberlandt's Rath dennoch von keinem Belange sein, da ja die mit Flügeln versehene Chlorops sich nicht ruhig wird einackern oder verbrennen lassen.

In demselben Aufsatze schreibt Dr. Haberlandt weiter: „In Japan verfährt man bei der Getreide-Ernte in der Weise, dass man die Aehren mit kurz belassenen Halmen, büschelweise übers Feuer hält, hell aufflackern lässt; die versengten Aehren fallen zu Hauf, erlöschen alsogleich und werden hierauf gedroschen. Sollte dies eigenthümliche Verfahren durchaus unanwendbar sein bei Getreide, das von *Chlorops taeniopus* beschädigt worden ist und bei welchem die Puppen am obersten Theil des Halmes sitzen?" Dagegen bemerkt Herr Künstler l. c.: „Wollte man nur die Aehre mit einem kleinen Theile des Halmes abnehmen, so würde der Schade, den der Landwirth durch den Verlust des Strohes erleidet, in den meisten Fällen den durch Chlorops angerichteten Schaden weitaus übersteigen." Hinsichtlich der empfohlenen Massnahme hatte Dr. Haberlandt die Freundlichkeit mir nachstehende briefliche Mittheilung zu machen: „Das Versengen der Halme habe ich nur für den Fall des Vorkommens der Puppen an den zum Schossen gekommenen Halmen in Vorschlag gebracht. Mir selbst ist diese Art der Beschädigung, die ich *Chlorops taeniopus* zuschrieb, nicht vorgekommen. Ich gab den Rath in der Voraussetzung, dass auch *Chlorops taeniopus* die Pupparien erst nach der Ernte verlasse, um in ähnlicher Weise wie *Chlorops strigula* durch Besetzung der Herbstsaaten mit ihren Eiern für eine zweite Generation zu sorgen. Wenn *Chlorops taeniopus* aber schon vor der Ernte ausfliegen, somit andere Entwicklungsphasen haben sollte, wie *Chlorops strigula*, so wäre natürlich der ertheilte Rath, der übrigens praktisch nicht ausführbar wäre und nur deshalb berührt worden ist, weil die Massregel in Japan üblich sein soll, vollkommen überflüssig."

Ausrottung der Quecke *(Triticum repens)*.

Während des Druckes der vorliegenden Schrift haben wir mit Gutsbesitzer Konopka neue Beobachtungen über das Ueberwintern der Larven der *Chlorops taeniopus* in der Quecke gemacht, und da dieselben an entsprechenden Stellen der Abhandlung nicht mehr eingeschaltet werden können, theile ich sie im Nachfolgenden mit.

Der Weizen war vorigen Jahres in Galizien durch Chloropslarven fast überall stark heimgesucht worden und es unterliegt daher keinem Zweifel, dass sich auch zahllose Chloropsfliegen vor der Ernte entwickelt haben mussten. Da das weitere Verhalten dieser Generation noch unbekannt ist, gaben wir uns wie in früheren Jahren die möglichste Mühe, demselben auf die Spur zu kommen, namentlich aber dies in Erfahrung zu bringen, wann sie und ob auf Wildgräser ihre Eier absetzen, allein dies wollte uns wieder nicht gelingen, indem uns das schlechte Wetter in den anhaltenden Beobachtungen störte.

Nach vergeblichen Bemühungen in dieser Richtung warteten wir die Bestellung der Wintersaaten ab, um zu sehen, ob dieselben mit Eiern bedacht würden oder nicht. Sobald die Saaten aufgegangen waren, untersuchte Konopka die Getreidefluren auf seinem Gute Mogilany und anderwärts, allein trotz der sorgfältigsten wiederholten Nachschau bis spät in den Herbst hinein liessen sich daselbst weder Fliegen bemerken, noch auch abgesetzte Eier entdecken. Das Wintergetreide war hier also vom Schädling verschont geblieben und Konopka glaubte daraus den Schluss ziehen zu können, dass Chloropsfliegen vom anhaltend schlechten Wetter vernichtet oder doch am Absetzen der Brut verhindert worden sind.

In dieser Voraussetzung verging der ausnehmend strenge Winter. Nach Eintritt des Frühjahrs Mitte März nahmen wir sofort unsere Beobachtungen wieder auf. Doch konnte Konopka in Mogilany und Umgegend weder im zeitlich noch spät bestellten Wintergetreide keine verdickten Schösslinge auffinden, welche auf das Vorhandensein des überwinterten Schädlings, wie im Frühjahr 1870, hingewiesen hätten.

Um uns zu überzeugen, ob sich die Sache ebenso auch in anderen Ortschaften verhalte, folgten wir der freundlichen Einladung des Gutspächters Herrn Seeling in Łagiewniki bei Krakau, und als wir seinen zeitlich im Herbst bestellten Winterroggen am 23. März untersuchten, fanden wir nicht wenige verdickte Schosse mit wohl überwinterten Chloropslarven. Also haben hier Chloropsfliegen im Herbste geschwärmt und ihre Eier auf den Roggen abgesetzt, in Mogilany dagegen scheinen sie um diese Zeit gefehlt zu haben.

Angeregt durch diese Beobachtung, unternahm Konopka bei sich von Neuem die eingehendsten Nachsuchungen, als er aber im Getreide wieder keine befallenen Schosse finden konnte, lenkte er Anfangs April seine Aufmerksamkeit Rasenplätzen und Kleefeldern zu, und untersuchte diese mit allem Eifer. Hier fielen seinem Kennerblicke alsbald verdickte Schosse der Quecke mit Chloropslarven auf, bei weitem zahlreicher auf ein- und zweijährigen Kleefeldern, als auf Rasenplätzen im Garten und anderwärts. Der Schädling überwinterte somit auch in Mogilany, nur nicht im Getreide, sondern in der Quecke; Konopka's Hoffnung, dass er eingegangen sei, bestätigte sich somit nicht.

Nach erhaltener Nachricht über diese Entdeckung fuhr ich am 28 April nach Mogilany, um mich über den Gegenstand durch Autopsie zu belehren. Wir gingen mit Gutsbesitzer Konopka auf das nächste Kleefeld und suchten nach befallenen Queckenschossen, fanden sie aber nicht ohne einige Mühe, weil der Klee um diese Zeit bereits ziemlich emporgewachsen war und die kurzen, an der Erde liegenden Queckenschosse verdeckte. Letztere zeigten dieselben pathologischen Erscheinungen, wie der befallene winterliche Weizen oder Roggen im Frühjahr. Sie waren nämlich verkürzt, kolbenartig verdickt, welk und bleich oder schon ganz verdorrt, ihre Blätter theilweise verkrümmt und das Innere des Schosses zerstört. Wie im Weizen oder Roggen steckte auch hier über dem

Wurzelhalse je eine mehr oder weniger ausgewachsene Made oder Puppe, wie Anfangs April, als Konopka zuerst seine Entdeckung machte. Die Made war jener der *Chlorops taeniopus* ganz ähnlich. Um aber ihre Zugehörigkeit zu dieser Fliege ausser allen Zweifel zu setzen, versuchte Konopka ihre Aufzucht und brachte diese glücklich zu Stande; aus den von ihm am 10. April nach Hause mitgenommenen, von Larven besetzten Schösslingen, die in Blumentöpfe versetzt wurden, fiel am 14. Mai die erste Fliege, *Chlorops taeniopus*, aus; auf Getreidefeldern konnten um diese Zeit noch gar keine Fliegen bemerkt werden, weil das kalte Wetter ihre Entwicklung verzögerte.

Das Ueberwintern der Chloropslarven in der Quecke ist somit zur Thatsache geworden. In derselben Pflanze, nur zur anderen Zeit, beobachtete den Schädling auch Förster Lippert in Tirol. Sie dient also dem Schädlinge zu Brutstätten und begünstigt dessen Vermehrung, welcher Umstand für die rationellen Landwirthe ein neuer Grund zur sorgfältigsten Ausrottung der Quecke sein sollte.

Die oben mitgetheilten Beobachtungen berechtigen zu gewissen Schlüssen über die noch dunklen Punkte der Naturgeschichte der *Chlorops taeniopus*, namentlich die Anzahl ihrer Generationen im Verlaufe eines Jahres. Dass diese Anzahl nicht immer und nicht überall eine gleiche ist, dafür spricht die schon mehrfach in Galizien constatirte Thatsache, dass das Wintergetreide, frühe oder späte, im Herbste in manchen Jahren mit Eiern bedacht wird, in anderen dagegen nicht, obwohl die Chloropsfliegen sich massenhaft vor der Ernte aus dem Weizen entwickelt haben und ihre Brut absetzen konnten. Der Grund dieser Erscheinung und der damit in Zusammenhang stehenden ungleichen Anzahl der Generationen dürfte hauptsächlich in den Witterungsverhältnissen im Sommer zu suchen sein. Sind diese günstig, alsdann scheinen 3 Generationen zu entstehen, d. i. 1). die vor der Ernte ausfallenden Fliegen der **Frühjahrsgeneration** dürften ihre Eier in Ermanglung junger Saaten blos auf Wildgräser absetzen und diese Brut sich schnell entwickeln, so dass 2). eine zahlreiche **Sommergeneration** der Fliegen zu Stande kommt, die wenigstens zum Theile auf aufgehende Herbstsaaten ihre Eier ablegen, aus denen wieder 3). die im Frühjahr (Mai) schwärmende **Wintergeneration** entsteht. Im entgegengesetzten Falle scheinen nur zwei Generationen zu Stande zu kommen. Die eine derselben ist die vor der Ernte ausfallende Frühjahrsgeneration. Diese setzt in Wildgräser ihre Brut für die Sommergeneration ab, welche aber, da sie sich wegen ungünstiger Verhältnisse über den Madenstand zu entwickeln nicht vermag, in diesem Zustande in Gräsern und der Quecke überwintert und so zur Wintergeneration wird.

In dem Ausfall der Sommergeneration dürfte der Grund gelegen haben, dass in Mogilany das Herbstgetreide keine Eier zeigte, während diese Generation in Łagiewniki zur Entwicklung kam und das Getreide anging. Das Ausbleiben und Erscheinen aber dieser Generationen in den genannten Ortschaften hing offenbar vom Temperaturunterschiede ab. Das hoch und frei gelegene Mogilany ist nämlich überhaupt kühler, als das im Thale versteckte und geschützte Łagiewniki, und dieser Unterschied äusserte sich in erhöhtem Grade bei dem vorjährigen regnerisch kalten Wetter im Herbste.

Zum Schlusse die schönen Worte in Wilda und Krocker's landw. Centralblatt 1865 S. 44: „Die Natur gibt überall die besten Fingerzeige dem Landwirthe; um diese aber benützen zu können, muss er sie verstehen und, um sie zu verstehen, muss er sie kennen lernen."